BALADA SONÁMBULA

Memorias de la Revolución
Cuba 1952 - 1962

COLECCIÓN CANIQUÍ

EDICIONES UNIVERSAL, Miami, Florida, 2008

YOLANDA ORTAL-MIRANDA

BALADA SONÁMBULA

Memorias de la Revolución
Cuba 1952 - 1962

*Una historia de amor, intrigas políticas y traiciones
maquiavélicas, contra el telón de fondo de hechos
y personajes reales y fascinantes.*

EDICIONES UNIVERSAL

Primera edición (agotada), 1991, de
Senda Nueva de Ediciones / 0-918454-89-1

Segunda edición revisada y ampliada, 2008

EDICIONES UNIVERSAL
P.O. Box 450353 (Shenandoah Station)
Miami, FL 33245-0353. USA
Tel: (305) 642-3234 Fax: (305) 642-7978
e-mail: ediciones@ediciones.com
http://www.ediciones.com

Library of Congress Catalog Card No.: 2008934692
ISBN-10: 1-59388-142-8
ISBN-13: 978-1-59388-142-9

Composición de textos: María Cristina Zarraluqui

Diseño de la cubierta: Luis García Fresquet
En la cubierta: Catedral de la Habana de Mariano Rodríguez Tormo
Plumillas interiores: El Torreón y El Morro de Mariano Rodríguez Tormo

Contenido

Dedicatoria

En memoria de Manolín Guillot Castellano, que luchó y murió por Cuba. Fue fusilado en la fortaleza-prisión La Cabaña, en La Habana, el 30 de agosto de 1962, manteniendo hasta el final su integridad y devoción inigualables. Cuando murió era Jefe de Inteligencia y Jefe Nacional del Movimiento de Recuperación Revolucionaria, MRR. Tenía entonces 26 años y un alma valiente y generosa.

A los hombres y mujeres, de los Movimientos Clandestinos en la Cuba de ayer, el MRR, fundado por Manuel Artime, el Movimiento Demócrata Cristiano, fundado por José Ignacio Rasco, el Directorio Estudiantil Universitario, el Montecristi, fundado por Justo Carrillo, y Rescate por Antonio de Varona, que lucharon valerosamente contra el temido G2 castrista.

A los valientes miembros de la Brigada 2506, que a pesar de haber sido abandonados y traicionados por el Presidente Kennedy y su administración, combatieron corajuda y honorablemente bajo el comando de sus valientes jefes militares José Pérez San Román y Erneido Oliva, durante la lucha por la liberación de Cuba en Bahía de Cochinos.

A los extraordinarios y valientes miembros de la Fuerza Aérea de la Brigada 2506, que a sabiendas confrontaron la muerte cada vez que volaron y combatieron en sus anticuados y lentos B-26, contra los modernos Sea Furies y T-33 de propulsión a chorro de la Fuerza Aérea castrista. En la desigual lucha murieron: Crispín García Fernández, Raúl Vianello Alacán, Lorenzo Pérez Lorenzo, Juan González Romero, José A. Crespo Grasso, Eddy González, Daniel Fernández Mon, Osvaldo Piedra, Gastón Pérez Rangel y José Fernández Rangel.

A sus nobles y dignos instructores, pilotos y navegantes americanos, Riley Shamburger, Wade Gray, Thomas W. Ray, Leo Baker, Hall McGee, Don Gordon, Doug Price and Connie Seigrith, que desobedeciendo las órdenes del Presidente Kennedy de permanecer al margen de la batalla, voluntaria y heroicamente se unieron a la lucha volando lado a lado con los abandonados pilotos cubanos el 19 de abril de 1961. Shamburger, Gray, Ray y Baker murieron luchando valientemente como héroes de una era pasada, por su sentido del honor y su rectitud moral. Los ocho pilotos tienen nuestro respeto, gratitud, y un lugar especial en nuestros corazones.

A los miles de ejecutados en las cárceles de Fidel Castro, con sincero dolor.

A los dignos y valientes presos políticos y "plantados" —mujeres y hombres— que por años han habitado o habitan las cárceles de Castro en condiciones infrahumanas, sufriendo torturas, siendo humillados y careciendo de atención médica y representación legal, y a los disidentes cubanos constantemente perseguidos y encarcelados dentro de la Cuba de Fidel y Raúl Castro.

Con inmenso amor, a mis padres, Casimiro y América, que con el suyo sembraron en mí un profundo respeto por la vida y los derechos de cada ser humano, e inspiraron los personajes de *Ignacio* y *Teresa* en Balada Sonámbula.

A mi queridísimo hermano Pepe, que soñó con regresar a una Cuba libre que no logró ver.

A los Ortal y los Miranda, abuelos, tíos y tías, raíces que me nutren y no olvido.

Elogio en celebración de
BALADA SONÁMBULA

Sale ahora a la palestra *BALADA SONÁMBULA*, una obra que más que una narrativa tradicional, más que una colección de relatos, más que un manual de historia al estilo académico, es una fuente viva de la historia. Su autora no trabaja con retórica sino con la esencia humana de sus personajes, metamorfoseándose en ellos, haciendo que los veamos viviendo y actuando, reflejando sus ideas o sentimientos por medio del diálogo, logrando que el lector se identifique con ellos, en vez de quedarse fuera de la trama expuesta vívidamente.

El novel uso del diálogo por Yolanda Ortal-Miranda, y su experiencia como miembro del Movimiento clandestino MRR en la época que reproduce este guión, da más fuerza y verismo al relato. Esta obra que tiene como fondo hechos históricos ocurridos en Cuba, posee un impacto dramático que revela el genio dramatúrgico de la autora puesto que si en la novela histórica o en la poesía épica se forjan héroes para que sus imaginarias hazañas se reciten en solemnes versos narrativos, este drama exhibe personajes humanos con sus pasiones, carácter, episodios y proezas veraces. Valiéndose del dinamismo del diálogo la escritora logra que el interés de la acción no decaiga un sólo momento.

Balada Sonámbula es un libro tan personal como deben serlo todos e imprescindible, como otros debieran serlo, para que como éste de Yolanda Ortal-Miranda, sirva para hacer el necesario contacto con nuestro pasado, raíz del presente y de fuerza alentadora para la conquista del futuro.

José Duarte Oropesa, Historiólogo

Mariano Rodríguez Tormo

El Torreón del Santo Ángel, parte de la muralla de La Habana.
Principios del Siglo XVII y finales del XVIII.

Prólogo

Las obras de la literatura creativa cubana del destierro, sea cual fuere el género que se haya utilizado, contienen casi invariablemente, un común denominador, que no es otro que un intenso elemento testimonial, genuino rasgo del compromiso de lucha por la libertad, que el autor no reprime, sino que emplea siempre en su creación, como arma de guerra e instrumento de denuncia contra el opresor que lo alejó de su patria y también, contra el sistema que lo sustenta en el poder.

Aunque a veces haya que reconocer que su carga ideológica puede sobrepasar los valores estéticos con los que pretenden manifestarse dichas obras, ello no disminuye el valor de ejercicio heroico que perfila y caracteriza dicha labor literaria, la que indiscutiblemente constituye, un legado patriótico de cada escritor desterrado a su tierra de nacimiento.

Para comprobar lo dicho con anterioridad, basta solamente con revisar las creaciones de la literatura cubana del exilio de las últimas décadas, especialmente la poesía, aunque también, lo mismo ocurre en la narrativa, tanto la corta como la novelística y en la dramaturgia.

Por eso, no debe sorprendernos que en esta obra de la profesora Yolanda Ortal-Miranda, *BALADA SONÁMBULA*, concebida y estructurada en un género al que estamos menos acostumbrados, como es el Guión Cinematográfico, también predomine en su contenido el elemento testimonial de protesta y denuncia del desastroso impacto causado en el pueblo cubano por la Revolución Castrista.

En el caso específico de la autora, este rasgo testimonial y de denuncia nada es de extrañar. Aún recuerdo unos versos suyos

13

*publicados hace años, en 1971, en la REVISTA NORTE, de Holanda,
en que expresaba su obsesión al respecto:*

"Y voy quebrándome la garganta al viento
en un intento inútil de protesta;
y no entiendo este sino sin lógica ni ritmo,
este abismo, esta angustia, este yermo,
esta fuga de hojas de otoño que se pierden
en el vacío y no regresan."

Vemos que desde aquel momento, la autora ya expresaba su frustración y sentía una imperiosa necesidad de presentar en toda su dimensión la verdadera tragedia humana por la que atravesaba el pueblo cubano.

Por supuesto, la creación que ahora nos ocupa no fue la primera debida a su pluma con referencia a este tema y objetivo. La profesora Ortal posee una amplia y valiosa creación literaria, especialmente en la narrativa, la poesía y la dramaturgia. Con anterioridad había concebido una breve obra teatral en un solo acto, que fue llevada a las tablas en un centro universitario y bien recibida por el público hispano que asistió a su presentación. Pero su alcance fue limitado, aunque dejó en la mente de la autora, el deseo de ampliar su contenido a fin de desvirtuar a un nivel más amplio, la torcida interpretación mantenida por muchos fuera de Cuba, sobre la verdadera realidad cubana, de la real tragedia que aún se vive en la Isla, dada la falta de libertad imperante y la continua violación de los derechos humanos.

No hay duda de que la profesora Ortal, bien conocedora del impacto adicional que la dramaturgia producía en el público al materializarse los personajes y situaciones vividas, busca lograr con este guión cinematográfico, un impacto aún mayor y más amplio por medio del cine, sea cual fuese el momento futuro en que pudiera llevarse al mismo. De ahí resulta lógico, que en lugar de usar para su creación el género novelístico, decidiera dejar plasmado su mensaje en este guión literario, que además de poder ser leído, podría ser utilizado con posterioridad para la pantalla y colmar así su más amplio objetivo final, pues como se ha dicho, el guión "es un texto escrito, concebido desde su origen para transformarse en imágenes."

Y eso lo ha logrado a cabalidad Yolanda Ortal con su obra, pues el lector logra visualizar mejor las escenas que tejen la trama presentada y las asimila con mayor facilidad, especialmente por la sencillez de la expresión y lo directo de sus diálogos.

Es de notar, la contención utilizada por la autora para evitar, en lo posible, el exceso de proselitismo y dejar que con la escenificación dramática, el puro valor de los hechos presentados se exteriorice y marque la intensidad de su protesta y denuncia. Esto lo logra, sin lugar a dudas.

Para cualquier testigo de los hechos narrados, la veracidad de los mismos es obvia. Tal parece que la autora los ha calcado de la prensa del momento, sin editarlos con sus ideas personales. En otras palabras, la obra se basa en hechos históricos reales no adulterados y de ahí arranca su genuino valor testimonial. Solamente por medio de los personajes de ficción de la obra, el lector puede apreciar cómo ellos van percibiendo, paulatinamente, el proceso de traición a una revolución que se llamaba democrática durante su lucha por liberar al país de un dictador, y que luego se transformaría en una dictadura totalitaria comunista.

La obra, realmente, es una bella historia de amor —la de sus dos personajes principales, Alfredo y María—, enmarcada dentro de un específico período de la reciente historia de Cuba (1958-1962). El acierto de Yolanda Ortal consiste en la perfecta mezcla que logra de los personajes de ficción, verdaderos arquetipos de la juventud idealista cubana de esa época, con los personajes reales que participaron en los sucesos históricos escenificados.

Así, la pareja protagonista de la obra se desenvuelve junto a otras figuras de ficción y también a otras figuras reales como el comandante Sorí Marín, el Che Guevara, Fidel y Raúl Castro, Camilo Cienfuegos, Manuel Urrutia, José Antonio Echeverría, Fructuoso Rodríguez, Manuel Artime, Rogelio González Corzo, por solamente mencionar algunos, así como otros personajes cubanos y funcionarios norteamericanos de todo nivel, que participaron durante los hechos de la fracasada invasión de Playa Girón. Sin embargo, la figura histórica que surge con mayor relieve es la de Manolín Guillot, símbolo purísimo y personaje muy real de esta lucha todavía inacabada, a quien se muestra en la obra con genuinos relieves heroicos, debidos a su coraje y dignidad al mantener, a todo trance, sus altos valores éticos y morales, y terminar ofreciendo su vida por la libertad de su patria y por garantizar la seguridad y protección de sus compañeros de lucha.

Las escenas de *BALADA SONÁMBULA*, presentan casi cronológicamente diversos acontecimientos claves de ese periodo histórico cubano, lo que la distancia de otros intentos literarios más o menos parecidos. De esta manera, resulta mas fácil comprender la enorme desilusión sufrida por gran parte del pueblo cubano, al irse comprobando, paso a paso, los verdaderos objetivos totalitarios de los falsos liberadores revolucionarios. Así, entre otros, se presentan: el caso de la destitución del presidente Manuel Urrutia, el aprisionamiento del comandante Húber Matos, la misteriosa desaparición del comandante Camilo Cienfuegos, las falacias relativas a los beneficios que al pueblo brindarían la Reforma Urbana y la Reforma Agraria y, especialmente, los trágicos acontecimientos ocurridos durante la fracasada invasión de Playa Girón, presentados de una manera muy clara y precisa, y avalados con una critica justa y certera de los errores cometidos en su planeamiento y ejecución.

El lector que vivió en Cuba durante la época en cuestión y estuvo al tanto de muchos de estos hechos, quizás pueda percibir en algunas de las escenas y situaciones del guión ciertos rasgos de tono autobiográfico aportados por la autora, y que a nuestro criterio le añaden mayor verosimilitud a la obra.

Como preámbulo para introducir al lector en los hechos principales de la obra, la profesora Ortal incluye unas breves escenas de sucesos que describen el marco político dictatorial imperante en la Isla antes de 1958, lo que suscitó el comienzo de la lucha que traería el triunfo de la Revolución. Aparecen, entre otras, escenas del golpe de estado del 10 de marzo, de las elecciones fraudulentas de 1955, del fracasado ataque al Palacio Presidencial de 1957 y de las incursiones de los rebeldes alzados en la Sierra Maestra. Todo lo anterior, prepara el camino al lector para penetrar en el corazón de la historia narrada y poder llegar a su propia conclusión sobre la triste tragedia de un pueblo que lucha contra una dictadura y desgraciadamente, en lugar de liberarse, cae bajo la más tiránica forma de gobierno.

Después de una meditada lectura y análisis de esta obra concebida como guión cinematográfico, estimo que Yolanda Ortal-Miranda ha logrado a cabalidad su doble objetivo, es decir, que el lector de hoy tenga acceso a esta versión justa de lo ocurrido en ese periodo histórico y que en el futuro, este brillante guión, debido a su talento literario, pueda servir para plasmar en la pantalla las escenas más verosímiles de esta tragedia que azota al pueblo cubano desde 1959.

Julio E. Hernández Miyares, Ph. D., Profesor Emérito
The City University of New York / Kingsborough College

Mariano Rodríguez Tormo

"El Morro", reliquia del pasado.
Castillo a la entrada del puerto de La Habana

BALADA SONÁMBULA

PLAYA CARIBEÑA DESIERTA - CREPÚSCULO

> *"A menos que el grano de trigo caiga a la tierra y muera, seguirá siendo solamente un grano de trigo. Pero si muere, produce mucho fruto."*
> **San Juan** *12: 24, 25*

En la distancia un hombre y una mujer caminan por la orilla del mar. La puesta del sol es soberbia. Se detienen y se besan.

MARÍA.- (V.O.) Ésta no es solamente la historia de Alfredo y mía. Los dos somos simplemente un grano de arena, una gota de agua vibrando en un rayo de sol al amanecer. Ésta es la historia de algo mucho mayor. La historia de nuestros sueños y nuestra fe en la Revolución, nunca imaginando lo que ocurriría en realidad.

LA HABANA, CUBA, 1952

La Habana de noche, es una ciudad vibrante, que centellea iluminada. El corazón de la fascinante ciudad simula un collar de diamantes y piedras preciosas. Es un inmenso Collage surrealista en que se mezclan las luces, el tráfico de autos y transeúntes y las vidrieras de comercios con maniquíes en trajes elegantes. El Encanto. Fin de Siglo. La Época. Galiano y San Rafael. Joyerías.

Chantillí. Boites y Restaurantes. Boutiques. Cinemas. Teatros. Talía. Las Máscaras. Pro Arte. Conciertos. Ballet. Cabarets: Tropicana, Montmartre, Sans Souci. Nat King Cole, "Bajo las Estrellas." Josephine Baker en el América. Edith Piaf. Ana Gloria y Rolando: Mambo y Cha-Cha-Chá! Las Mulatas de Fuego. El gato tuerto. Cafés, peñas de intelectuales discutiendo sus libros, pinturas o política. Bares de medio pelo. El Chori. Vida nocturna. Música y ritmo sensual. Piano, trompeta, clarinete, saxofón, maracas, clave y bongó. La Sonora Matancera. Coctelera musical en que se mezclan las voces de Olga Guillot, Celia Cruz y Beny Moré. Galerías. Pinceladas de un pintor apasionado pintando escenas alucinantes contra el cielo habanero de terciopelo azul, acariciante, irremplazable, inolvidable. Luna lorquiana soñada por Dalí. Y de fondo, lejos, una guitarra, casi inaudible, tarde en la noche habla de amor.

En Kukine, la residencia campestre del ex Presidente Batista, éste y un grupo de oficiales del Ejército, están reunidos en uno de los salones de la residencia.

CORONEL TABERNILLA.- Tenemos que hacerle frente a la realidad, Sr. Presidente. Usted no va a ganar estas elecciones. No tenemos otro recurso que dar un Golpe de Estado.

BATISTA.- (piensa) ¡Lo daremos! El 10 de marzo. ¿De acuerdo?

10 DE MARZO DE 1952

Batista y dos docenas de altos Oficiales del Ejército que lo apoyan llegan en varios coches a la Ciudad Militar de Columbia que es el Cuartel General de las Fuerzas Armadas de la Nación. Los guardias de la Posta número 6, una de las entradas de la Ciudad Militar, saludan y les franquean la entrada.

Horas más tarde, ya de madrugada, en el club de oficiales el número de éstos es ahora más de 40. Están jubilosos celebrando el Golpe de Estado.

CORONEL TABERNILLA.- Hemos tomado las fortalezas de *La Cabaña* y *El Príncipe.* Controlamos las estaciones de televisión y radio y los periódicos. La Policía está de nuestra parte y el Presidente Prío no luchará contra nosotros.

BATISTA.- Los estudiantes serán un problema como siempre. Hay que suspender las clases de las Universidades inmediatamente.

Varios sargentos portando bandejas con copas de champagne circulan por el salón ofreciéndoselas a Batista y el resto de los Oficiales. Batista está encantado con la situación.

CORONEL TABERNILLA.- (*brindando*) Caballeros, ¡A nuestro nuevo Presidente, el General Fulgencio Batista!

Todos se suman al brindis.

BATISTA.- ¡Salud, Camaradas! ¡Hemos salvado la nación una vez más! Felicidades, Coronel Tabernilla. ¡Hoy se ha ganado el rango de General!

Los titulares de los periódicos y las noticias de última hora de las emisoras de radio y televisión dan la increíble noticia al pueblo:

"GOLPE DE ESTADO". "BATISTA DESTITUYE AL PRESIDENTE PRÍO". "PRÍO ABANDONA EL PAÍS Y VUELA A MÉJICO". "EL CONGRESO ES FORZADO A ABANDONAR EL CAPITOLIO"

*

TRES AÑOS DESPUÉS

VENDEDOR DE PERIÓDICOS.- ¡Última Hora: Batista gana las elecciones presidenciales de 1955!

En la Universidad de La Habana, Alfredo, un estudiante de Derecho, está de pie sobre un banco dirigiéndose a sus compañeros universitarios en la Plaza Cadenas.

ALFREDO.- ¡Esto es una afrenta a la Constitución y al pueblo cubano! ¡Primero un golpe de estado en 1952, y ahora estas elecciones fraudulentas! Tenemos que luchar por derrocar a Batista. ¡Abajo Batista!

ESTUDIANTES.- ¡Abajo Batista! ¡A la calle! ¡A la calle!

Cientos de estudiantes de ambos sexos descienden la amplia escalinata de la Universidad de La Habana y marchan por la calle San Lázaro protestando los resultados de las elecciones. Muchos llevan una enorme bandera cubana y múltiples cartelones pintados de prisa con el mensaje:

"DEMANDAMOS ELECCIONES HONESTAS" y "ABAJO BATISTA."

Encabezando la manifestación de protesta, marchan Echeverría, Presidente de la Federación Estudiantil Universitaria, Alfredo, María, Juan, Fructuoso Rodríguez, y Manolín Guillot.

Numerosas perseguidoras y varios camiones de bomberos llegan e interceptan la demostración, cañoneándoles con potentes chorros de agua de sus enormes mangueras.

Se entabla la lucha entre policías y estudiantes. Finalmente, la policía se impone golpeando a los estudiantes con sus garrotes y las culatas de sus rifles. Los estudiantes de la retaguardia logran escapar.

En primera línea, Alfredo, José Antonio Echeverría, Fructuoso Rodríguez, y Juan, continúan confrontando a los Policías. La multitud, finalmente vencida por la fuerza del agua, se dispersa y escapa replegándose a la Universidad y calles aledañas.

Manolín arrastra con él a María sacándola de la multitud. Ambos, seguidos de un tercer estudiante, se refugian en el pequeño lobby de un edificio de apartamentos cercano.

Más perseguidoras de la policía se suman a la lucha y finalmente golpean con sus batones a los estudiantes que continúan la protesta, y los arrestan. Alfredo resulta herido en la cabeza y sangra copiosamente.

La Policía arresta a Alfredo, Echeverría, Fructuoso y Juan y se los lleva en uno de sus furgones.

En la calle hay docenas de estudiantes heridos. La Policía les captura y encierra en sus perseguidoras y vagones llevándoselos a toda prisa del sitio de la protesta.

LA HABANA, 1957

Es temprano en la noche. La ciudad, centellea fantástica, trémula.

Una serie consecutiva de ataques terroristas ocurre esa noche en distintos lugares de la ciudad comenzando a las 9:00.

En un restaurante elegante, María y Manolín están sentados a una mesa. La música de fondo, es exquisita.

MARÍA.- Eres mi mejor amigo, Manolín. De hecho eres como un hermano para mí. Te lo he dicho antes y es cierto.

MANOLÍN.- ¿Estás enamorada de Alfredo? Dime la verdad.

MARÍA.- Creo que desde que tenía 15 o 16 años. No sé como ocurrió ni cuando. Él siempre estaba en casa con mi hermano Juan y me fui enamorando de él.

En la mesa contigua, cercana a la consola de mármol que adorna el comedor, dos enamorados, conversan ajenos a lo que les rodea. Hay un enorme adorno de flores frescas en la consola.

El arreglo floral explota. El inmenso espejo de la consola cae hecho trizas y los dos enamorados, heridos, caen al suelo.

Reina un enorme caos. La mayoría de los comensales corren hacia las puertas. Algunos permanecen tratando de ayudar a los heridos.

María y Manolín se acercan a los enamorados de la mesa contigua. El hombre está muerto. María, conmovida, arrodillada junto a él, se persigna y le cierra los ojos.

Manolín se quita el saco y cubre el torso de la joven, que está herida e inconsciente. El personal médico de una de las ambulancias que han llegado se encarga entonces de la joven herida.

✳

La marquesina de un cinema anuncia la película, "CASABLANCA."

El lobby del teatro está concurrido por un público diverso.

Un paquete escondido en unas plantas tropicales que crecen en un cantero, explota. El pánico cunde entre el público que corre hacia las puertas y sale a la calle.

Cerca del cantero destruido una mujer, desorientada, camina como en una niebla. Un hombre, sangra profusamente por una herida en el vientre mientras que la mujer que le acompaña llora desesperada arrodillada junto a él.

TAQUILLERO.- ¡Un médico, pronto! ¡Pedro, pide ambulancias!

*

En el café al aire libre El Prado, Alfredo está sentado a una mesa tomándose una cerveza y escuchando al trío de guitarristas que canta:

> *"Mamá yo quiero saber,*
> *¿de dónde son los cantantes?*
> *que los encuentro galantes,*
> *y los quiero conocer*
> *con su trova fascinante,*
> *con su quinto y con su tres."*
> *¿De dónde serán, serán de La Habana,*
> *¿Serán de Santiago...*

Otra explosión ocurre. La pared de cristal que separa el Café al aire libre del interior del mismo, cae hecha trizas. Pedazos de vidrio vuelan por todas partes cortando a muchos de los clientes.

Una mujer joven que estaba cerca de la explosión, está inconsciente, derrumbada sobre una mesa, desangrándose. Su brazo derecho es una masa informe.

Alfredo corre hacia ella. Desesperado tira de un mantelito de una mesa vecina y trata con él de contener la sangre que le sale a borbotones del hombro herido.

El enfermero de una ambulancia se acerca corriendo y comienza a tratar de contenerle la sangre de la herida.

Un Policía de una de las perseguidoras que han comenzado a llegar a la escena de la explosión, reconoce a Alfredo.

POLICÍA.- Te encuentro dondequiera que hay un problema. ¿Qué haces aquí?

ALFREDO.- Me estaba tomando una cerveza. ¿Se cree que voy a poner una bomba y me voy a quedar esperándolos a ustedes?

POLICÍA.- Piérdete antes de que decida echarte el guante otra vez.

Alfredo se pone de pie y se va mientras otras ambulancias y perseguidoras llegan al Café, con sus sirenas estridentes pidiendo vía.

✳

Al día siguiente, en el despacho de Batista, éste está de pie junto a su bureau. Viste un traje de lino blanco y está rodeado de oficiales de la Policía y el Ejército.

BATISTA.- ¡Esto es intolerable! ¡Todas esas explosiones en una sola noche!

CAPITÁN.- Declare ley marcial, Señor Presidente.

BATISTA.- ¡No! ¡Prendan a los terroristas! ¡Eso es lo que tienen que hacer!

✳

Ese día, en la próspera "Librería Castillo" situada en un área comercial en La Habana Vieja, colonial y hermosa, María y su hermano Juan están sentados con sus padres, los dueños de la librería, Ignacio Castillo y su esposa Teresa, a una de las mesas del Café del establecimiento. Frente a ellos, una bandeja de pasteles y tazas de café.

Varios empleados atienden a los clientes.

TERESA.- Tu hermana está viva de milagro. ¿Tú apruebas esa clase de atrocidades?

JUAN.- ¡Por supuesto que no! Hay muchos grupos que se oponen a Batista. El nuestro no comete terrorismo.

Alfredo llega y se sienta a la mesa uniéndose al grupo. Teresa le hace señas al camarero para que le sirva café.

TERESA.- ¡Yo no comprendo por qué ustedes están mezclados en este lío arriesgando sus vidas!

ALFREDO.- Porque Batista se apoderó del poder, primero mediante un Golpe de Estado, y después mediante unas elecciones deshonestas.

TERESA.- ¡Es un ladrón como la mayoría de los políticos!

MARÍA.- Éste, además, ¡viola la Constitución diariamente!

TERESA.- ¡Ustedes son unos soñadores! La gente tiene trabajo y vive decentemente. El país marcha bien y la economía es sólida.

JUAN.- Eso no es suficiente, mamá.

ALFREDO.- Este gobierno es corrupto e ilegal.

María camina por la acera de una calle en la vibrante sección conocida por La Habana Vieja, de hermosa arquitectura colonial. Se oyen los pregones de los vendedores ambulantes contra la música de fondo de guitarras.

PRIMER VENDEDOR.- ¡Aquí está *Yuyo El Chévere:* con los mejores bocaditos de La Habana!

SEGUNDO VENDEDOR.- ¡Helados! ¡Coco glacé, mango y mamey! ¡Coco, coquito, coco! *¡Vamo'a rompé* ese coco, cosa linda!

TERCER VENDEDOR.- ¡Pastelitos de guayaba! ¡De jamón! ¡De queeeso!

Alfredo dobla la esquina cercana, ve a María y se le une.

ALFREDO.- Comprendo que Manolín esté loco por ti. Eres la chica más linda de la ciudad.

MARÍA.- (coqueta) Creí que era Laura. Eres un Don Juan, Alfredo.

ALFREDO.- No soy un Don Juan. Ella es atractiva, "sexy", pero tú eres especial, tienes convicciones y eres preciosa también.

MARÍA.- ¡Gracias por decirme que no soy "sexy."!

ALFREDO.- (en broma y en serio) No dije eso. ¿Estás tratando de darme un mal rato? ¡Eres preciosa, inteligente, sensitiva y luces fantástica! ¿Te basta con eso?

*MARÍ*A.- (riendo encantada) Es demasiado. ¡Te pasaste!

El Caballero de París, el famoso pordiosero de la ciudad, excéntrico y con sueños de grandeza, pasa junto a ellos envuelto en su raída capa negra. Tiene melena gris desordenada y una barba puntiaguda llena de enredos. Se acerca a María y después de hacerle una exagerada cortesía le ofrece una rosa marchita.

CABALLERO DE PARÍS.- ¡Una flor, Duquesa! ¡Una rosa de tu devoto enamorado *El Caballero de París*!

María le sonríe y toma la rosa. Alfredo le da unas monedas. En la distancia se oyen las sirenas estridentes de varias perseguidoras.

28

Alfredo y María llegan a un Café al aire libre y van hacia la mesa que ocupan ya Juan, Echeverría y Pablo. Están tomando el clásico café cubano.

Una perseguidora se acerca y se detiene junto a un hombre joven que caminaba a toda prisa por la acera. Dos Policías salen del carro, le detienen, le ponen un par de esposas y le obligan a entrar en la perseguidora. Inmediatamente se alejan a toda prisa.

ALFREDO.- Las cosas están empeorando. ¡Esto no puede seguir! ¡Tiene que terminar pronto!

ECHEVERRÍA.- Terminará.

Gutiérrez, otro joven, llega y se sienta. El camarero le sirve café. Los hombres tienen unos veinte y tantos años.

JUAN.- ¿Qué noticias tenemos de Palacio, Gutiérrez?

GUTIÉRREZ.- "El Hombre" tiene audiencias toda esa tarde.

ALFREDO.- ¡Fantástico! ¿Cómo están las cosas contigo, Echeverría?

ECHEVERRÍA.- Estamos listos.

PABLO.- Nosotros también.

Los jóvenes están excitados y optimistas. María permanece callada. Su cara refleja la preocupación que siente.

En el hogar de Juan y Elena los esposos conversan en voz baja para no despertar a los niños.

ELENA.- Tengo un presentimiento de que esto va a terminar mal.

JUAN.- No seas pesimista. Estoy haciendo lo que debo hacer.

ELENA.- ¡Piensa en los niños y en mí!

JUAN.- ¡Por supuesto que pienso! Si algo me ocurriera mi padre se ocupará de ti y los niños.

ELENA.- ¡No es eso! ¡Te necesitamos a ti! ¡Te quiero con el alma!

JUAN.- Yo también te quiero, mi amor. ¡Tú lo sabes! Esto es algo que moralmente tengo que hacer. No me lo hagas más difícil de lo que es, Elena.

Juan y Elena entran al dormitorio donde Juanín, de seis años, y Cristina, de cuatro, están dormidos en sus camas. Juan va hacia la de Juanín y lo besa en la frente.

JUANÍN.- (medio dormido) ¿Papi?

JUAN.- Voy a estar fuera de la ciudad por unos días, Juanín.

JUANÍN.- ¿Vamos contigo?

JUAN.- Esta vez no. Cuida a Mami y Cristi. Te quiero mucho.

Juanín vuelve a dormirse. Juan va a la cama de Cristi, que permanece dormida y la besa tiernamente. Los ojos de Elena están llenos de lágrimas y salen del cuarto tomados de la mano.

✳

En su apartamento, Alfredo y su amante, Laura, están acostados. Laura tiene unos 25 años y es muy atractiva. Tiene la mirada perdida en el cielo raso, como si algo le molestara.

ALFREDO.- ¿Pasa algo?

LAURA.- Creo que ustedes están locos. No me dices nada pero sé que estás conspirando.

ALFREDO.- Ya sabes que no quiero hablar de esas cosas. No es desconfianza. Simplemente es mejor así.

MARZO 13 DE 1957

Una Vagoneta grande de una florería se detiene a una de las entradas laterales del Palacio. El reloj de una iglesia lejana da las 3:00.

Un grupo de hombres, entre ellos Juan y Gutiérrez, salen de la vagoneta y se abren paso disparando sus ametralladoras contra los Guardias de la entrada, matándolos.

Los atacantes entran en el Palacio mientras que la vagoneta se aleja a toda velocidad.

Doce de los atacantes están bajo las órdenes de Juan. Doce, bajo Gutiérrez.

Otros cuatro coches llegan frente a la misma entrada. De ellos salen Alfredo y su comando de diez hombres y otros diez bajo las órdenes de Pablo. Entran al Palacio armados con ametralladoras mientras que los autos se alejan a toda prisa.

GUTIÉRREZ.- Pablo, encárgate del primer piso. Corta los cables a los elevadores y teléfonos.

Pablo y sus hombres se quedan en control del primer piso y ejecutan las órdenes de Gutiérrez.

Alfredo, Gutiérrez, Juan y sus comandos, comienzan a escalar la enorme escalinata de mármol que conduce al segundo piso.

*

Simultáneamente al ataque a Palacio, a considerable distancia Echeverría irrumpe en el estudio de "Radio Reloj", seguido de su segundo, Fructuoso Rodríguez, y otros dos Estudiantes armados. Echeverría se apodera del micrófono.

ECHEVERRÍA.- Habla José Antonio Echeverría, Presidente de la Federación Estudiantil Universitaria. En este momento, unidades de comandos están atacando la guarnición del Palacio Presidencial para apoderarse de Batista, forzarlo a renunciar como presidente, y efectuar elecciones honestas.

*

Mientras tanto en el Palacio Presidencial, ráfagas de metralla llenan los pasillos. Un Grupo de guardias de Palacio entra en la escena y abre fuego contra los atacantes que están subiendo la escalinata. Varios caen heridos o muertos.

Alfredo, Gutiérrez y Juan con el resto de sus hombres continúan hacia el segundo piso.

GUTIÉRREZ.- ¡Vamos, vamos!

Penetran en varias cámaras espaciosas. Están vacías. Continúan hacia el tercer piso buscando a Batista. Tienen más bajas.

Gutiérrez cae mortalmente herido cuando alcanza el tercer piso. Alfredo corre a su lado y lo arrastra tras una columna mientras continúa disparando y comprueba el estado de Gutiérrez.

ALFREDO.- Está muerto, Juan. Voy a seguir buscándolo. Tal vez no esté aquí ya. Ordena la retirada al resto y cúbreme.

JUAN.- ¡Retírense!

Los diezmados atacantes comienzan la retirada mientras que Juan dispara incesantemente cubriendo a Alfredo del fuego de los guardias parapetados tras unas columnas al extremo opuesto del pasillo.

Alfredo abre una serie de puertas encontrando todos los salones desiertos.

Entretanto, Batista y uno de sus Ayudantes están en un pequeño cuarto. La estantería de libros de una de las paredes está movida de su sitio normal y deja ver una pequeña entrada secreta en la pared. Hay allí una escalera estrecha que conduce a un escondite perfectamente disimulado por la pared movediza.

AYUDANTE.- (*uniformado*) Sígame, Sr. Presidente. No pueden saber que este escondite existe.

Los dos hombres entran al escondite secreto. El Ayudante oprime un botón en la pared del escondite, y el panel conteniendo libros y trofeos se mueve de nuevo, cerrando la entrada al pasadizo y la escalera secreta.

Cuando Alfredo abre la puerta de acceso al cuarto del escondite secreto, no hay nadie ya en el pequeño y acogedor saloncito.

*Alfredo regresa corriendo a donde está Jua*n.

ALFREDO.- No estaba aquí o se escapó. ¡Maldita sea!

JUAN.- Entonces vámonos.

En el estudio de "Radio Reloj", José Antonio Echeverría está terminando su arenga al pueblo.

ECHEVERRÍA.- "¡Por eso este manifiesto, que pudiera llegar a ser un testamento, exhorta al pueblo de Cuba a la resistencia cívica y al retraimiento de cuanto pueda significar un apoyo a la dictadura que nos oprime!"

Las puertas del estudio se abren violentamente.

ESTUDIANTE.- (*desde la puerta*) ¡La policía está acercándose!

ECHEVERRÍA.- ¡Cubanos! ¡Únanse a nosotros! ¡Apóyennos en la lucha contra el dictador Batista!

Echeverría y sus acompañantes salen precipitadamente del estudio.

En una calle lateral al edificio de la emisora, un coche con el motor en marcha está esperándolos. Entran y se alejan a toda velocidad mientras oyen las noticias por el radio del coche:

LOCUTOR.- ...y el ataque al Palacio fue llevado a cabo por unos 50 hombres. No sabemos con certeza el resultado del mismo.

Se oyen las sirenas de perseguidoras acercándose por todas partes.

El coche de Echeverría toma una calle estrecha paralela a una entrada de la Universidad, tratando de refugiarse en ésta, ya que la Universidad era autónoma en esa época y la Policía, por ley, no podía entrar a la misma.

Están cerca de la entrada lateral. Una de las perseguidoras, viajando hacia ellos pero en sentido contrario, les intercepta.

ECHEVERRÍA.- Entren en la Universidad. Yo los cubro.

Echeverría y sus compañeros abren las puertas del coche disparando sus armas. Siguiendo las órdenes de su líder, los otros estudiantes se dirigen a la entrada de la Universidad mientras continúan disparando.

Los policías concentran su fuego en Echeverría, que cae en la acera mortalmente herido. Sus compañeros logran finalmente entrar en la Universidad y escapan por el momento.

Esa noche los vendedores de periódico por toda la ciudad dan la noticia del doble desastre sufrido por los oponentes del régimen. En una esquina de una ancha avenida un vendedor de periódicos grita a voz en cuello:

VENDEDOR DE PERIÓDICOS.- ¡ÚLTIMA HORA! ¡FRACASA EL ATAQUE A PALACIO! ¡BATISTA ILESO! ¡MUCHOS MUERTOS! ¡LIDER ESTUDIANTIL UNIVERSITARIO JOSÉ ANTONIO ECHEVERRÍA, MUERTO!

Tarde en la noche de ese día, tres perseguidoras tripuladas por Policías llegan silenciosamente y con los faros apagados frente a una casa de dos plantas en un vecindario de clase media.

En un dormitorio del segundo piso, Juan está dormido. La silueta de un hombre aparece en la ventana abierta. El hombre ha subido hasta la ventana usando un árbol cercano, entra silenciosamente en la habitación, y le pone un revólver en la sien a Juan.

HOMBRE.- No hagas ruido ni digas una palabra o te mato.

Mientras tanto en la planta baja dos de los atacantes al Palacio, con sus ametralladoras al alcance de la mano, están profundamente dormidos, derrumbados en dos butacones.

Varios policías han forzado con una ganzúa una puerta lateral de la casa y entran a la sala. Uno de los atacantes del Palacio se despierta y echa mano a su ametralladora, pero un policía le dispara matándolo a él y a su compañero que no llega a despertarse.

En el segundo piso, en otro dormitorio, Alfredo y Pablo, se despiertan al oír las ráfagas de ametralladora, huyen descolgándose por una ventana al patio trasero, y se alejan rodeados de noche y del tableteo de ametralladoras a unas cuadras de distancia.

Juan entra a la sala de la casa, esposado, seguido por su apresor, un sargento de la policía que le mantiene encañonado. El rostro de Juan se ensombrece al ver los cadáveres de sus compañeros.

SARGENTO.- ¡Cuándo carajo van a entender que los muertos no hablan! ¡Tírenlos en una cuneta!

Dos días después, en la estación de policía del SIM, el temido Servicio de Inteligencia Militar, Juan ha sido interrogado por horas. Un retrato de Batista cuelga en la pared.

El sargento que arrestó a Juan está sentado ante el bureau. Abre un compartimento del mismo y se sirve un trago de Bacardí. Hay otros dos policías en la habitación profusamente iluminada. Juan muestra señales de haber sido brutalmente golpeado.

SARGENTO.- ¿Dónde están los otros hijos de puta que se escaparon?

JUAN.- No sé. No tuvimos nada que ver con el ataque a Palacio. Quiero ver a mi abogado.

SARGENTO.- Estuvo aquí. Le dijimos que no te hemos visto. ¡Habla, cabrón!

JUAN.- (agotado) Le digo que no estoy envuelto.

SARGENTO.- ¿Y las ametralladoras?

JUAN.- Esperábamos un ataque de un grupo rival de estudiantes.

SARGENTO.- Llévenselo. No vuelvan con él hasta que hable.

✳

En un descampado, lejos de la ciudad, esa madrugada, los dos policías arrastran a Juan sacándolo de un coche.

Juan, brutalmente golpeado y sangrando de una herida en la cabeza, se tambalea vacilante.

JUAN.- No me maten. ¡Tengo mujer y dos hijos pequeñitos!

1ER. POLICÍA.- ¡Aprovecha y huye! ¡Lárgate!

Juan, receloso, no se mueve.

2DO. POLICÍA.- ¡Te dijo que te largues! ¡Corre!

Juan duda. No teniendo otra alternativa comienza a correr en zig-zag. Tropieza, pero continúa corriendo desesperadamente. Suena un disparo que él no llega a oír. Un pájaro asustado levanta el vuelo alejándose mientras emite un chillido discordante.

El cuerpo de Juan cae a tierra y los dos policías se marchan dejando allí el cadáver.

María y su padre, Ignacio, entran a un cuarto de la morgue. Un empleado descubre el cadáver de Juan. Su rostro está terriblemente golpeado, casi irreconocible, y tiene una herida en la cabeza donde se le ha coagulado una sangre renegrida.

María e Ignacio, impotentes, profundamente conmovidos y horrorizados al verlo así, se sienten a la vez llenos de una mezcla de ira, dolor, y angustia ante el crimen consumado.

MARÍA.- ¿Dónde lo encontraron?

EMPLEADO.- En un descampado. Unos muchachos lo hallaron.

IGNACIO.- (descubriéndole el torso golpeado y los bordes de la herida de la bala que le liquidó) ¡Asesinado y torturado por la policía! Le dispararon por la espalda. ¡Qué crimen!

EMPLEADO.- No diga eso, señor. Si le oyen...

María abraza a su padre mientras lloran desesperados. El empleado les deja solos con el cadáver magullado y amoratado de Juan.

✳

María, vestida de luto, está de rodillas ante un confesionario.

PADRE FUENTES.- Está en la Rectoría desde anoche. Puedes pasar a verlo.

María pasa a la Rectoría. Pasan unos minutos y va hasta la ventana que se abre a un jardín interior. Alfredo entra y va hacia ella. Se abrazan muy conmovidos. Un sollozo desgarrador se escapa del pecho de María. Alfredo tiene los ojos llenos de lágrimas y la abraza tiernamente tratando de consolarla. Al fin logra hablarle.

ALFREDO.- ¡Lo siento tanto! No puedo decirte cuánto. ¿Cómo estás tú? ¿Cómo están Teresa, Ignacio y Elena?

MARÍA.- Devastados.

ALFREDO.- He decidido irme a La Sierra y unirme a las guerrillas de Castro. Mantente al margen por un tiempo.

MARÍA.- No puedo. ¡Esos criminales han torturado y asesinado a mi hermano!

ALFREDO.- Juan era un hermano para mí también. Tú lo sabes. Tengo que unirme a las guerrillas y continuar luchando. ¡Se lo debo a Juan y a Echeverría!

MARÍA.- Ten mucho cuidado. Ni Juan ni Echeverría creyeron nunca en Castro. Siempre pensaron que Fidel era una bala perdida, con una historia de gangsterismo en la Universidad.

ALFREDO.- Era más joven entonces. Ha garantizado que celebrará elecciones cuando Batista sea derrotado.

MARÍA.- ¡Eres demasiado crédulo! Esa es tu debilidad. Los que le conocen dicen que Fidel es astuto, manipulador y ambicioso.

ALFREDO.- No lo dudo. Pero Echeverría está muerto, María. Ahora Fidel es el único líder con un nombre reconocible para atraer hombres dispuestos a luchar contra Batista.

MARÍA.- Ojalá tengas razón. ¡Cuídate!

ALFREDO.- Tú también.

En un impulso, Alfredo la abraza y la besa en la mejilla y en los labios tiernamente.

✳

SIERRA MAESTRA

En La Sierra Maestra, de una vegetación exuberante, intrincada y con un terreno abrupto, se levanta en la Provincia de Oriente, majestuoso y retador, el Pico Turquino a 2,040 metros de altura sobre el nivel del mar.

En un lugar de La Sierra, Fidel Castro tiene su campamento al que van llegando desafectos al régimen de Batista de todas las clases sociales, incluyendo estudiantes, intelectuales y profesionales, después del desastre del ataque a Palacio y la muerte del idealista y puro José Antonio Echeverría, que desde su posición de Presidente de la Federación Estudiantil de la Universidad de La Habana, había combatido a Batista hasta que perdió su vida en esa lucha.

En una cabaña de su campamento, Fidel Castro, un hombre de unos 30 años, alto y lleno de energía, está sentado ante una mesa rústica trabajando en el discurso que transmitirá esa noche por onda corta desde la Sierra al pueblo cubano. El mobiliario es mínimo.

Con él están tres Oficiales guerrilleros: el Comandante Raúl Castro, hermano de Fidel, de estatura más pequeña que éste; el Comandante Humberto Sorí Marín, alto y delgado, y el Capitán Elmo Ruiz, un negro gallardo y de fuerte complexión física.

FIDEL.- ¿Estás de acuerdo en que ésta es la mejor forma de decirlo, Raúl?

RAÚL.- Sí. Léelo otra vez a ver cómo suena.

FIDEL.- ¡"Por lo tanto, como fundador y líder del *Movimiento Revolucionario 26 de Julio*, juro cumplir las promesas delineadas en el histórico *Manifiesto de La Sierra,* del que soy autor!"

✳

Esa noche en el hogar en que vive con sus padres, María, Ignacio y Teresa escuchan atentamente por onda corta, la transmisión habitual de todas las noches del guerrillero.

CASTRO.- "Aquí conmigo están mis camaradas, el Comandante Humberto Sorí Marín, gran partidario y promotor de una Reforma Agraria justa; el bravo Guerrillero, Capitán Elmo, y mi hermano, el Comandante Raúl Castro. ¡Yo prometo una vez más, convocar elecciones dentro de un año de la derrota de Batista y así mismo re-establecer la Constitución de 1940!"

MARÍA.- Papá, ¿tú lo crees?

IGNACIO.- No lo sé. Quizás ha madurado. Puede ser un demagogo, pero si derrota a Batista, tendrá reputación y puede convocar elecciones legítimas y ser electo presidente, que es lo que quiere ser.

✳

En el campamento, mientras Castro continúa leyendo su discurso durante la transmisión, algunos Guerrilleros cuelgan sus hamacas o conversan en pequeños grupos. Otros, entre ellos Alfredo y Pablo, le escuchan de pie junto a la puerta de su cabaña.

CASTRO.- "¡Así mismo prometo que nuestro gobierno provisional garantizará la libertad absoluta de la prensa, la libertad de expresión de cada individuo, y la santidad de los derechos humanos de cada ciudadano!"

En la casa de su finca, un campesino, su esposa e hijo escuchan la continuación del discurso en su radio de onda corta. La casa es cómoda y limpia aunque sin lujos aparte del televisor y un refrigerador nuevo en la cocina.

CASTRO.- "Reitero que implementaremos una Reforma Agraria justa. Los dueños de grandes latifundios y tierras baldías serán pagados un precio justo por las hectáreas que les compraremos y distribuiremos entre aquellos campesinos que no poseen ninguna. ¡Ayúdennos a derrotar a Batista! Dennos su apoyo moral y económico para continuar la lucha. ¡COMPREN BONOS DE LA REVOLUCIÓN! ¡Venceremos!"

En La Sierra Maestra, Castro termina su discurso. Raúl, Sorí y Elmo, sentados cerca de él, lucen satisfechos. Alfredo, que esa noche es el locutor del programa, toma el micrófono y lo cierra.

ALFREDO.- Y con esas palabras de nuestro Máximo Líder, Fidel Castro, terminamos esta transmisión de RADIO REBELDE desde ¡La Sierra Maestra, Territorio Libre De Cuba! ¡Sintonícenos mañana a la misma hora!

*

Ha pasado un mes desde la llegada de Alfredo y Pablo a La Sierra. El Sargento Fernando, y 20 Guerrilleros, entre ellos Alfredo, están al pie de una montaña, rodeados de espesa vegetación.

Frente a ellos, en un claro del bosque, hay una barraca del ejército de Batista y un camión de transporte. Un centinela monta guardia a la entrada.

FERNANDO.- Alfredo, liquida al guardia.

Alfredo, cuchillo en mano, se arrastra hacia la barraca y el guardia.

Alfredo se abalanza silenciosamente contra el guardia, derribándolo. Luchan. Alfredo le da una puñalada en el pecho. Siente que el guardia deja de luchar y comprende que está muerto. Una cierta repugnancia, una náusea nunca antes sentida, le llena el estómago. Ha matado frente a frente a otro hombre por primera vez.

Los guerrilleros, entran en la barraca y oyen el ronquido de los soldados de la guarnición. La luz de la luna entra por la ventana.

FERNANDO.- ¡Fuego!

Los guerrilleros disparan sus armas contra los guardias dormidos. Al cesar el fuego, alguien prende un farol. Los ensangrentados cuerpos de los guardias yacen en sus catres y en el suelo.

FERNANDO.- Asegúrense de que no quede nadie vivo y pueda llamar al cuartel cercano.

Los guerrilleros comprueban si alguien está vivo y rematan a los heridos con un tiro de gracia.

Alfredo vacila frente a un aterrorizado Soldado Joven, casi un adolescente.

FERNANDO.- ¡Remátalo! ¡No dudes! ¡Puede ser fatal no hacerlo!

Alfredo continúa sintiéndose reacio a rematar al Soldado. Sintiendo los ojos de Fernando clavados en él, finalmente obedece la orden y le mata. El cachorrito del Soldado está escondido temblando bajo el catre de campaña del amo muerto.

FERNANDO.- (*al resto de sus hombres*) Recojan las armas, municiones, frazadas, jackets, botas y provisiones de la despensa.

Al salir de la barraca Alfredo toma en sus brazos el cahorrito del Soldado Joven y se lo lleva con él. Fernando lo ve pero no dice nada.

LA HABANA

En La Habana, María y Manolín están en una joyería hablando con Cuevas, el dueño de la joyería, en su oficina.

MARÍA.- Mi padre me dijo que le había hablado de apoyar a nuestras guerrillas en las montañas, Señor Cuevas.

CUEVAS.- Sí, María. Siento mucho la muerte de tu hermano Juan. Aquí tienen $15,000 dólares en este sobre. Dentro de tres meses te daré otra remesa. Cuídense.

MARÍA.- ¡Muchas gracias por su apoyo y generosidad, Señor Cuevas!

*

SIERRA MAESTRA

En su campamento de La Sierra, Fidel Castro, muy excitado, habla a sus guerrilleros.

FIDEL.- ¡Matthews, el periodista del *New York Times*, va a entrevistarme! Llegará con Manolín mañana. Alfredo, tu serás nuestro interprete.

ALFREDO.- ¡Eso es fantástico para la causa! ¡Es como poner una pica en Flandes!

FIDEL.- (*señalándoles un lugar en la espesura a unos 40 metros*) El resto saldrá del bosque por allí y desaparecerá por entre la maleza 15 metros más allá. Una vez fuera de vista corran y reaparezcan en una posición diferente en la fila.

ALFREDO.-Puede que reconozca a alguno de los hombres, ¿no crees?

FIDEL.- Simpatiza con nosotros y quiere creernos. No miren hacia acá o a la cámara. Cámbiense de camisa, sombreros, jackets. Debe creer y reportar que tenemos muchos guerrilleros en las montañas. ¡La percepción es más importante que la realidad! Así nacen los mitos y las leyendas.

✳

Al día siguiente, al amanecer, rodeados de neblina, la fila de guerrilleros, portando rifles, marcha ladera abajo pretendiendo una inexistente misión del grupo.

Matthews, fascinado, está de pie junto a Fidel, Alfredo y Manolín, quien le sirvió de guía e intérprete a Matthews para llegar hasta allí. El fotógrafo toma fotos de Fidel y los distantes guerrilleros.

MATTHEWS.- Ask him how many guerrillas he has.

ALFREDO.- (a Fidel) Pregunta cuántos guerrilleros tienes.

FIDEL.- Dile que tenemos varios campamentos y muchos guerrilleros en total. Que no puedo darle números ni lugares por razones de seguridad.

ALFREDO.- (a Matthews) We have several camps and many guerrillas, but, because of Security reasons he can't tell you how many or where they are."

✳

ESCARAMUZAS

Tres meses después, Alfredo, Torres, un guerrillero que usa un parche negro sobre el vacío de un ojo que perdió en una escaramuza, y otros guerrilleros, montan guardia ocultos en la espesa vegetación que cubre las montañas.

La barba de Alfredo y su cabello crecidos muestran el paso del tiempo.

Un soldado del Ejército de Batista aparece entre el bosque. Unos segundos más tarde aparece siguiéndole el resto de su pelotón. Están ascendiendo la ladera en dirección a Alfredo y su guerrilla.

ALFREDO.- Torres, llévate siete hombres. Deja tres a la entrada de la cueva y el resto contigo detrás de aquella roca. Cuando lleguen junto al árbol muerto, abrimos fuego.

Torres y sus hombres parten. Cuando los soldados llegan al árbol muerto, los guerrilleros abren fuego simultáneamente desde su posición privilegiada. Varios soldados caen heridos o muertos. Los restantes devuelven el fuego y Torres resulta herido.

Alfredo y sus guerrilleros barren con metralla a los soldados desde su posición más alta y por ello ventajosa. Finalmente los soldados comienzan a retirarse, llevándose sus muertos y heridos.

ALFREDO.- Lucas, voy a ver cómo están Torres y su gente. Ven conmigo, José.

Alfredo encuentra a Torres herido. Se desgarra su camisa y le venda el brazo herido.

ALFREDO.- De ésta no te mueres, Torres. José, ve al campamento y trae una camilla y refuerzos.

Esa noche, Fidel y Alfredo están en la cabaña jugando al ajedrez, totalmente sumidos en el juego. Fidel mueve una pieza. Alfredo mueve la suya.

ALFREDO.- ¡Jaque mate!

FIDEL.- ¡Mierda!

ALFREDO.- (*divertido*) No. ¡Simplemente jaque mate! No te gusta perder, ¿eh?

FIDEL.- No. Vamos a tomarnos una copa y echar otro partido.
Fidel toma una botella de cogñac y sirve dos tragos.

*

LA HABANA

En La Habana, María va a la taquilla de un pequeño cinema, saca un boleto y entra en la sala obscura. La película ha empezado. Ella se sienta en la última fila, que está vacía, junto a Manolín.

MARÍA.- El dueño de la destilería nos dio $20,000 dólares.

MANOLÍN.- ¡Qué bueno! ¡Qué pena que no puedo llevarlos a La Sierra esta semana!

MARÍA.- Yo se los llevaré al campamento.

MANOLÍN.- Demasiado peligroso. Si te agarran con ese dinero...

MARÍA.- No me pescarán. Iré a Santiago, haré contacto con Gómez, y él me llevará al campamento.

MANOLÍN.- ¿Estás tan enamorada de Alfredo como para arriesgar que te prendan?

MARÍA.- (*evasiva*) Nada me pasará. Necesitan el dinero. Tú lo sabes.

*

LA SIERRA MAESTRA

En La Sierra Maestra, María llega a la cabaña rústica que sirve de cuartel de campaña al Capitán Elmo, acompañada de Alfredo. El cachorrito sigue a Alfredo.

ALFREDO.- Ésta es María, Elmo. ¡Nos trae $20,000! Manolín no pudo venir.

ELMO.- ¡Gracias María! Necesitamos ese dinero para comprar armas y comestibles.

MARÍA.- Me dijo Gómez que les dijera que el Teniente García, que es un jugador empedernido y está encargado de armamentos, le ha preguntado si conoce "cazadores." Dice que el Teniente se vende a quien le pague.

ELMO.- ¡Pues ya tiene compradores!

MARÍA.- Me dijo que mañana por la noche enviaras a dos hombres a encontrarse con él en *"El Caballo Negro"* en las afueras del pueblo.

María le da a Elmo un sobre con el dinero y la dirección del bar en un pedazo de papel. Todos están muy excitados.

Esa noche, después de comer jamón enlatado, chorizo y queso que María les trajo, María y Alfredo conversan sentados junto al fuego lento de una hoguera. El cachorrito está en el regazo de María.

ALFREDO.- ¿Quieres llevártelo?

MARÍA.- ¡Sí! Te lo guardaré hasta que regreses. Es un encanto.

ALFREDO.- Pues es tuyo. ¿Cómo están las cosas allá, María?

MARÍA.- El Movimiento está creciendo. ¿Cómo estás tú?

ALFREDO.- Bien. Tú has cambiado. Luces fantástica y eres ahora toda una mujer. Has tenido mucho coraje en venir hasta aquí.

MARÍA.- Sé cuánto necesitaban ese dinero. Además, si la montaña no podía venir a mí decidí venir yo a la montaña. Quería ver cómo andan las cosas por acá y chequearte.

ALFREDO.- ¿Estás flirteando conmigo?

MARÍA.- ¿Qué crees tú?

ALFREDO.- Creo que sí... ¡y me encanta! ¿Vas a escribirme?

MARÍA.- ¿Quieres que lo haga?

ALFREDO.- Sí. Me gustaría mucho.

MARÍA.- ¿No te escribe Laura?

ALFREDO.- No teníamos esa clase de relación.

MARÍA.- ¿Estás enamorado de ella todavía?

ALFREDO.- Me atraía físicamente pero nunca me sentí realmente enamorado de ella. Laura no es mala pero somos muy diferentes. Los dos lo sabíamos.

Alfredo y Fernando afeitados y presentables para no llamar la atención, están sentados a una mesa de "El Caballo Negro" tomando cerveza.

Hay varios soldados y gente del poblado, que está al pie de las montañas, hablando y tomando mientras se oye la música del traganíckel.

Un teniente de la guardia civil, en uniforme color caqui, entra en el bar y se sienta a una mesa en una esquina. El camarero va hacia él.

CAMARERO.- Buenas noches Teniente García. ¿Desea lo de siempre?

TENIENTE.- Sí. Una botella de Bacardí y unos chicharrones.

Fernando y Alfredo van a la mesa del Teniente cuando el camarero se aleja hacia el bar.

FERNANDO.- Buenas noches, Teniente. Nos dijo un amigo que está vendiendo su camioneta. ¿Es cierto?

TENIENTE.- Depende de lo que me paguen. ¿Quieren un trago?

FERNANDO.- No gracias. ¿Cuánto quiere?

TENIENTE.- $25,000.

FERNANDO.- Eso es demasiado. Usted lo sabe.

TENIENTE.- Una ganga.

FERNANDO.- $15,000. ¿Podemos verla? Éste y yo somos socios.

TENIENTE.- Vámonos. Vivo lejos del pueblo. Usted y yo. Su socio se queda aquí.

FERNANDO.- Está bien.

El Teniente arroja un billete en la mesa y sale del bar llevándose la botella. Fernando lo sigue. En el parqueo del bar, el Teniente registra a Fernando que está desarmado. Suben al jeep del oficial y se alejan.

*

En el cuartón de herramientas del Teniente hay una vieja camioneta destartalada.

Fernando y el Teniente están mirando en el interior de la parte trasera que contiene un cargamento de cajas abiertas que muestran un buen número de municiones, ametralladoras, rifles, y bazucas. La vagoneta es un carromato oxidado.

Fernando permanece inmutable.

FERNANDO.- $15,000 incluyendo la vagoneta para transportarlo.

TENIENTE.- De acuerdo. ¿Dónde está el dinero?

Fernando toma un rollo de billetes de uno de sus bolsillos.

FERNANDO.- Aquí lo tiene.

El Teniente toma el dinero, lo cuenta y se lo pone en el bolsillo del pantalón. Rápidamente desenvaina su revólver y encañona con él a Fernando.

TENIENTE.- Lo siento, mi socio. Tengo que devolver este cargamento al cuartel o me dejan sin huevos. Tengo que matarte.

Alfredo aparece en la puerta del cuartón y oye las últimas palabras del Teniente, que está de espaldas a la puerta. Alfredo desenvaina su propio revólver y encañona al Teniente.

ALFREDO.- Tire su revólver al suelo, Teniente.

El Teniente se vuelve rápidamente con el revólver aún en la mano listo para matar al recién llegado. Alfredo dispara antes que el Teniente, y éste cae muerto.

FERNANDO.- Llegaste a tiempo!

ALFREDO.- Les seguí con las luces apagadas.

FERNANDO.- Nos hicimos de un buen caché de armas y el Teniente nos ahorró el dinero para comprar más!

Fernando toma el dinero que le pagara al Teniente del bolsillo de éste. Alfredo se sienta al timón de la vagoneta y se marchan.

✳

Al atardecer del día siguiente, María sale de la pequeña tienda de campaña que le armaron durante su estancia en el campamento. Está lista para partir.

ALFREDO.- Te acompaño.

Comienzan a descender siguiendo una senda estrecha. Él lleva su rifle y le da la mano ayudándola a bajar el terreno abrupto de la montaña.

La luz de la luna llena que se filtra por entre el follaje, le da al bosque una atmósfera irreal. María y Alfredo llegan al lugar donde se encontrarán con Gómez, y se sientan bajo un árbol enorme.

ALFREDO.- Detesto que te vayas. Gracias por haberte quedado esta semana. Ha sido fantástico el verte de nuevo.

MARÍA.- Me alegro de haber venido. Mi madre estará preocupada por haberme quedado más de lo necesario.

ALFREDO.- Cúlpame a mí. Diles que te rogué que te quedaras unos días. ¡Diles que hasta me arrodillé!

MARÍA.- (*riendo ante su exageración*) No lo creerán.

ALFREDO.- (*repentinamente serio*) La verdad es que nunca he sentido por nadie lo que siento por ti. Ha sido maravilloso pasar estos días juntos, hablando por horas, descubriéndonos. Siento que te he conocido realmente por primera vez.

MARÍA.- No digas nada que no sientas de veras. Te sientes solo. (*después de una pausa en que ninguno de los dos sabe qué decir*) ¿Por qué crees que vine hasta aquí? El dinero les hubiera llegado en una semana más.

ALFREDO.- ¿Estás tratando de decirme... que viniste a verme, que te atraigo--?

MARÍA.- ¿La verdad? ¡Estoy enamorada de ti desde que tenía quince años! ¿Estás ciego o eres simplemente tonto?

Alfredo reacciona ante su sinceridad, la toma en sus brazos y la besa apasionadamente.

ALFREDO.- No he conocido nunca una mujer como tú. ¡Tan honesta, tan real, tan fuerte y a la vez tan tierna y dulce como tú, María! ¡Cómo es posible que no lo viera antes! ¡Para mí eras una chiquilla! Eras la "hermanita" de Juan. ¿Cómo es posible que no te descubriera antes? Ya sé que esto suena como una locura, pero estoy realmente, enamorado de ti. Más que eso, sé que quiero pasar el resto de mi vida contigo. Dime que me esperarás. ¿Podrás esperarme?

Se besan una y otra vez apasionadamente sintiéndose indefensos ante la intensidad de sus sentimientos.

MARÍA.- Por supuesto que te esperaré. He estado esperándote desde hace mucho tiempo.

Un pájaro llama, repitiéndose en el silencio de la noche que sólo interrumpen los grillos. El pájaro canta tres veces.

ALFREDO.- Es Gómez.

Alfredo contesta en la misma forma. Segundos después aparece Gómez. María y Alfredo se despiden y ella comienza el descenso de la montaña con Gómez, llevando el cachorrito en sus brazos.

✳

En medio de las montañas, en aquel paraje intocado por la civilización, los endurecidos guerrilleros parecen volver a ser niños, chapoteando alegremente en el agua cristalina que corre, espumosa, al pie de la catarata. Es temprano en la mañana.

Les rodean las montañas de la Sierra y una vegetación increíble y exuberante.

Fidel Castro se une al grupo y nota, sobre el pecho desnudo de Alfredo la medalla que éste usa.

FIDEL.- ¿Qué es eso?

ALFREDO.- La medalla de veterano de mi abuelo; mi héroe. Murió luchando contra España por la independencia de Cuba.

FIDEL.- ¡Eres un romántico incurable!

ALFREDO.- ¿No lo eres tú también?

FIDEL.- No. Y no tengo héroes en mi familia; somos una gente realista y práctica. Dicen que mi padre era un cuatrero y se hizo rico robando ganado. No lo sé, pero no lo dudo.

✳

Esa noche, después de una escaramuza en que murieron varios guerrilleros, Alfredo, sintiéndose deprimido y triste por la muerte de los compañeros caídos, está sentado en un tronco junto a una pequeña fogata y lee una carta de María. Le envuelven la noche y su tristeza.

MARÍA.-
Amor,

Hoy fui a la playa. Pensé mucho en ti. Te quiero mucho y te extraño. ¡Siempre te he querido! No sé realmente cuándo empecé a adorarte y soñarte.

En una semana tendré mi examen final y ya escogí mi tesis.

Después quiero escribir acerca de la lucha en que estamos envueltos y del asesinato de mi hermano Juan. Era tan idealista como tú y lo extraño enormemente... Fue mi inspiración. Perdí con él un pedazo de mi propia carne y de mis sueños más íntimos. Hoy me siento triste. Sería un consuelo inmenso estar contigo.

Te quiere,
María

Alfredo termina de leer la carta y se la guarda en un bolsillo. Toma su guitarra y rasguea suavemente una melodía casi inaudible.

✻

Tarde en la noche, Alfredo se queda dormido junto a la fogata. En sueños se ve a sí mismo en la barraca del ejército de Batista, en el momento preciso en que remata al Soldado Joven herido e indefenso, después de haber cometido su primer acto de verdadera violencia, contra el vigía siguiendo las órdenes del Sargento Fernando.

FERNANDO.-"¡Asegúrense de que no quede uno vivo!"

Alfredo revive la escena. Oye las frases entrecortadas de los heridos y los disparos de los otros guerrilleros rematando a los sobrevivientes del ataque. El Soldado Joven, aterrado, yace indefenso en su catre de campaña y le mira horrorizado, como le mirara aquella noche en la barraca, implorándole que no le matara.

Alfredo se paraliza por unos instantes, incapaz de rematarlo.

Sintiéndose al mismo tiempo vigilado por Fernando, a quien tiene que probarle que es capaz de cumplir sus misiones, finalmente le dispara hiriéndole en la frente.

El Soldado cae mortalmente herido pero vuelve a incorporarse con una horrible expresión de dolor. Esta imborrable imagen le quema como un hierro candente y se le ha quedado grabada en el cerebro. La misma escena se repite varias veces superponiéndose una sobre otra, obsesionante y atormentadoramente, durante las pesadillas que lo aquejan de vez en cuando desde que ocurriera aquella matanza de la noche que le marcó de por vida y le rompió algo indefinible dentro de los recónditos rincones de su ser más vulnerable.

El Soldado moribundo se levanta una y otra vez, con los ojos abiertos desmesuradamente y manando sangre por la herida de la frente. Alfredo le dispara repetidamente hiriéndole de nuevo cada vez que el otro se levanta.

Finalmente Alfredo se despierta sudoroso y agitado con un grito apenas estrangulado en la garganta.

Muy temprano en la mañana, Alfredo está sentado en un tronco caído engrasando su rifle. Fidel pasa cerca.

FIDEL.- ¿No estás cansado de comer conejo y jutías?

ALFREDO.- *(riéndose)* Sí.

FIDEL.- Vamos a cazar venado.

ALFREDO.- ¡Me gusta la idea!

Los dos se internan en el espeso bosque que rodea el campamento.

Al cabo de un buen rato de estar en el bosque aparece un venado.

FIDEL.- ¡Déjamelo!

Fidel dispara y el venado cae muerto. Lo cuelgan de un árbol y siguen adentrándose en el bosque sin hablar ni hacer ruido. De repente aparece un cerdo salvaje. Alfredo dispara y da en el blanco.

FIDEL.- ¡Hoy nos damos un banquete!

Los días pasan. A veces hay escaramuzas y combates serios; no siempre. El tiempo gravita como el rocío en las hojas lacias, goteando sobre el musgo y las enredaderas que se arrastran por el suelo húmedo al amanecer.

Los guerrilleros prefieren los días de acción en que confrontan al enemigo y luchan despiadadamente, como bestias perseguidas, en las laderas de La Sierra.

Una madrugada, Alfredo se acerca a una de las postas de vigilancia para reemplazar a Pablo que está de guardia. Pablo está dormido con la joven guerrillera con quien ha pasado la noche. Alfredo los despierta. Ella, asustada, se aleja corriendo.

ALFREDO.- ¡Pablo! ¡Esto es una tremenda irresponsabilidad! Además, es una chiquilla.

PABLO.- ¡Déjate de tonterías! Ella sabe lo que hace. He montado guardia toda la noche y me quedé dormido, eso es todo.

ALFREDO.- No te creo. Has puesto el campamento a riesgo por acostarte con ella. ¡No puedo ser cómplice tuyo en esto!

Fernando sale de la maleza.

FERNANDO.- No hace falta. Los oí y vi a la muchacha corriendo. Yo serviré de testigo ante el jurado.

PABLO.- ¡Esto pasa aquí todo el tiempo! Fidel tiene a Celia--

FERNANDO.- No puede permitirse que ocurra cuando se está de guardia. Además, Fidel es Fidel y no hace guardias. Se te juzgará por negligencia. Si repites esta ofensa te fusilamos como a otros que han cometido lo mismo. ¿Cómo se llama ella?

PABLO.- (*furioso*) Isabel.

∗

Un año después, el desaliento ha cundido en el Ejército de Batista ante el hecho de que las guerrillas tienen control de un extenso territorio en las montañas de La Sierra Maestra, bajo el comando de Fidel, y en la Sierra Cristal bajo el de su hermano Raúl, famoso y temido por sus excesos y su carácter volátil y violento, además del grupo de estudiantes del Directorio Revolucionario Universitario que controla la Sierra del Escambray en la provincia de Las Villas. El ejército no logra erradicarlos a pesar de sus esfuerzos y los movimientos clandestinos crecen y florecen en La Habana, las ciudades y los pueblos de la Isla.

Otros miembros del ejército, desencantados ante la corrupción de muchos de los altos oficiales, deciden venderse al enemigo. Sin embargo, otros y miembros de la policía, consideran a Castro y sus seguidores comunistas y siguen combatiéndolos.

Alfredo y un Capitán del Ejército de Batista se encuentran en un puente.

ALFREDO.- Como convinimos le pagaremos $5,000 por sus informes, Capitán.

El Capitán toma el dinero y lo cuenta.

CAPITÁN.- El convoy pasará tarde, mañana por la noche. Tendrá 30 guardias.

✳

La noche siguiente, Alfredo, Fernando y sus guerrilleros se colocan a ambos lados de un camino rural estrecho. Cientos de grillos entonan su monótona sinfonía. Una inmensa luna llena ilumina el paisaje contra el perfil de una montaña.

Alfredo tiene ahora el rango de Capitán al igual que Fernando. Esa noche cada uno de ellos comanda 25 hombres. Un Guerrillero observa el camino desde la rama alta de un árbol. Han estado esperando por más de una hora. De pronto, el vigía vislumbra en la distancia el convoy militar acercándose y avisa a la guerrilla, imitando el quejido de un búho tres veces.

El convoy llega frente a la emboscada de los guerrilleros. Le dejan avanzar unos metros, cuando una andanada de balas le detiene en seco y se establece una batalla furiosa entre soldados y guerrilleros que resulta en bajas de ambas partes.

Los soldados son atacados desde ambos lados del camino. De un lado por los hombres de Fernando y del otro por los de Alfredo.

ALFREDO.- ¡A tomar el convoy! ¡El convoy!

Después de un intenso intercambio de fuego que dura lo que parece ser una eternidad, los guerrilleros comienzan a controlar la situación y ocupan algunas cabinas de los camiones.

En medio del intenso fuego Fernando resulta herido en un brazo pero continúa dirigiendo a sus hombres en el ataque del convoy. La lucha, durante la cual hay numerosas bajas de ambas partes, se prolonga por varios minutos ya que muchos de los soldados continúan ofreciendo resistencia.

Alfredo y sus hombres finalmente se imponen y toman el convoy.

Un soldado que está oculto en la cuneta del camino ametralla a Fernando y dos de sus guerrilleros rematándolos. Un guerrillero que lo ve mata al soldado, pero es demasiado tarde. Fernando y el pequeño grupo que le rodeaba están mal heridos o muertos.

Alfredo corre hacia ellos y se arrodilla junto a Fernando que está moribundo.

FERNANDO.- (jadeante, entrecortadamente) Que no escape ningu...

Ante la muerte de Fernando y muchos de sus compañeros, los guerrilleros guardan silencio conmovidos. Alfredo está devastado por la muerte repentina de su amigo y camarada.

TORRES.-(a Alfredo) ¿Qué hacemos mi Capitán?

ALFREDO.- Lleva con tus hombres el cargamento a la cueva. Nosotros enterraremos a los muertos y transportaremos a los heridos.

✱

Dos meses después en la choza que sirve de cuartel de campaña del Comandante Elmo un almanaque marca la fecha octubre 2 de

1958. Hay un mapa de Cuba que muestra las seis provincias de La Isla.

"Che" Guevara está de pie frente al mapa y coloca una banderita negra y roja marcando así la ciudad de Santa Clara, Capital de la Provincia de Las Villas. Elmo, Alfredo y Pablo están con él en la choza.

Guevara, que sufre de asma y enfisema, tose frecuentemente, pero continúa fumando.

"CHE" GUEVARA.- Es esencial tomar la ciudad de Santa Clara. ¡Ha llegado la hora de avanzar! Viajaremos hacia el oeste, de noche, atravesando los campos. Evitaremos las carreteras principales y los caminos vecinales de los pueblitos.

ALFREDO.- ¿Qué resistencia podemos anticipar?

"CHE" GUEVARA.- Limitada. Compraremos a los jefes de cuarteles del ejército de Batista para que no nos ofrezcan resistencia. Usaremos para ello el dinero que tenemos de los Bonos de Guerra.

Alfredo, Elmo y Pablo siguen a Guevara hasta una mesa rústica y se inclinan sobre un mapa de la ciudad de Santa Clara. Alfredo y Elmo llevan la insignia de Comandantes. Pablo es un Teniente. Todos tienen largas barbas y el cabello hasta los hombros.

ALFREDO.- Con Santa Clara tendremos control del centro de la Isla.

"CHE" GUEVARA.- Atacaremos simultáneamente los principales cuarteles del ejército y la policía. Elmo, éste es tu territorio. Éste otro es el de Alfredo, y éste el de Pablo. Yo ocuparé la Universidad que será el cuartel general.

ELMO.- Dividiré mi batallón. Mis hombres controlarán la estación de trenes, las entradas a las carreteras y el aeropuerto.

PABLO.- ¿Y Fidel?

"CHE" GUEVARA.- Permanecerá en las montañas y bajará cuando tengamos control de la situación.

Manolín aparece en la puerta de la cabaña.

ALFREDO.- Entra para que conozcas al "Che", Manolín. *(al "Che")* Manolín es uno de nuestros Coordinadores de Inteligencia en La Habana. Está haciendo una labor fantástica por la causa.

"Che" Guevara y Manolín se dan la mano.

"CHE" GUEVARA.- He oído muy buenas cosas acerca de ti, Manolín.

*

OCTUBRE 1958

UNOS MESES DESPUÉS. ALREDEDORES DE LA CIUDAD DE SANTA CLARA

Muy cerca de la ciudad de Santa Clara, Alfredo y su compañía de guerrilleros, incluyendo a Torres, que es ahora Teniente y asistente de Alfredo, llegan a Alturas del Capiro, un sitio importante estratégicamente. Es de noche y hay un silencio total.

Bajo la luz de una luna llena, Alfredo ve un tren militar blindado, detenido en la vía férrea. Tendidos en la tierra, dormidos, hay una gran concentración de soldados acampados cerca del tren.

ALFREDO.- *(excitadísimo)* Torres, ¡ese es el convoy que iba para Santa Clara con armamentos y explosivos! No pudieron entrar en la ciudad y regresaron aquí. Que tus hombres levanten los raíles 500 pies detrás del furgón de la cola.

Torres y sus hombres se alejan. Los de Alfredo permanecen callados e inmóviles.

Minutos más tarde Alfredo oye la señal de Torres, el graznido de un pájaro, *indicando que los raíles de la vía han sido levantados.*

Los guerrilleros disparan sus armas contra los soldados acampados junto al tren. Tomados por sorpresa, los soldados no atinan a contra atacar.

TENIENTE DEL EJÉRCITO.- ¡Al tren! ¡Suban al tren!

VOCES DE SOLDADOS.- *(aterrorizados)* ¡Al tren! ¡Al tren! ¡Al tren!

Alfredo arroja un "Cocktel Molotov" al techo de uno de los vagones del tren. Sus guerrilleros se suman al ataque lanzando más Cockteles contra el tren.

Algunos Cockteles entran por las ventanillas y son devueltos por los soldados contra los guerrilleros incendiando los alrededores del tren y aumentando el intenso calor que les envuelve.

En el vagón de oficiales, el General que comanda la tropa, da órdenes que nadie obedece.

GENERAL.- ¡Salgan al campo y peleen, idiotas! ¡Nos van a freír aquí! ¡Las municiones del transporte van a explotar!

CAPITÁN.-¡Vámonos de aquí, mi General! Dé orden de volver a Santa Clara.

GENERAL.- ¡No podemos! Estos hijos de puta controlan la línea férrea hacia allá. ¡Maldita sea, contraataquen!

Pasan unos diez minutos. Los soldados y oficiales están sudando profusamente pero permanecen en el tren cuya atmósfera es asfixiante. Viendo que la tropa no peleará, el General llama por el intercomunicador al maquinista en la locomotora.

GENERAL.- ¡Dé marcha atrás a toda velocidad! ¡Sáquenos de este infierno!

El tren comienza a moverse lentamente dando marcha atrás y tratando de acelerar mientras los guerrilleros le bombardean el techo y el interior por las ventanas con Cockteles Molotov.

El furgón de la cola se descarrila al llegar a los rieles que levantaron Torres y sus hombres. En el resto de los vagones reina el caos entre soldados y oficiales.

Las camisetas de los soldados se convierten en banderas blancas que aparecen en las ventanillas del tren.

ALFREDO.- ¡Alto al fuego! Déjenles salir del tren. ¡Desármenlos y tomen el convoy!

Los soldados se arrojan del tren, manos arriba, y se rinden a los guerrilleros que inmediatamente les desarman mientras otros guerrilleros se apoderan de la locomotora y vagones.

VOCES DE SOLDADOS.- ¡Nos rendimos! ¡No disparen!

ALFREDO.- ¡De rodillas con las manos en la cabeza!

El General y sus oficiales descienden del tren y caminan hacia Alfredo.

ALFREDO.- *(identificándose)* Soy el Comandante Alfredo Del Valle. Usted y sus oficiales quedan arrestados y viajarán con nosotros, General. ¿Quién es el maquinista?

MAQUINISTA.- Soy yo, Comandante. Este otro es mi asistente.

ALFREDO.- Desconecten el furgón descarrilado y déjenlo a un lado de la vía. Llévennos a la estación central de Santa Clara. Dos guerrilleros viajarán con ustedes.

MAQUINISTA.- A la orden, Comandante.

ALFREDO.- Torres, ordena que pongan nuestras banderas en la locomotora y vagones para que los nuestros nos den vía libre.

Las banderas del Movimiento 26 de Julio de Castro son colocadas en el tren. Algunos guerrilleros celebran el hecho disparando al aire.

Torres, excitado y lleno de orgullo, está de pie junto a Alfredo en la plataforma del tren.

TORRES.- ¡Viva El Movimiento 26 de Julio! ¡Viva su bandera! ¡Viva el Comandante Alfredo del Valle!

GUERRILLEROS.- ¡Viva Del Valle! ¡Viva la Revolución! ¡Viva Cuba Libre!

ALFREDO.- ¡Soldados! ¡En unas horas nosotros habremos tomado Santa Clara! ¿Cuántos están dispuestos a morir luchando por Batista?

VOCES DE SOLDADOS.- ¡Yo no! ¡Yo tampoco! ¡Por nada del mundo! ¡Ni hablar!

Otros soldados fieles a Batista, guardan silencio.

ALFREDO.- Ustedes pueden unirse a nosotros ahora y ser parte del Ejército Rebelde, o pueden regresar desarmados a sus hogares.

TORRES.- ¿De verdad, Comandante?

ALFREDO.- ¡No podemos llevarnos con nosotros a todos estos hombres prisioneros ni matarlos! ¡No somos criminales! Además, al ver que los perdonamos, puede que otros soldados deserten y se nos unan.

Muchos de los Soldados se quitan las camisas del uniforme y se unen al Ejército Rebelde victorioso.

Otros ayudan a sus compañeros heridos y comienzan el regreso a sus hogares a pie caminando junto a los rieles del tren.

UN SOLDADO.-(a su compañero) A mí no me gusta Batista, pero mi padre dice que Castro es comunista. Yo creo que es verdad. Ni loco me uno a esta gente.

SEGUNDO SOLDADO.- Vámonos de aquí. Todos los políticos son unos bandidos.

TERCER SOLDADO.- El ejército me pagó. Yo no doy un carajo acerca de Batista o Fidel.

ALFREDO.- (desde la plataforma) ¡A Santa Clara!

SANTA CLARA

Entre tanto, Pablo y sus guerrilleros han tomado un cuartel del ejército de Batista en su territorio en la ciudad de Santa Clara.

Pablo, rodeado de sus asistentes, contempla desde el corredor del segundo piso, a los soldados de Batista, reunidos por orden suya en un patio interior, bajo la vigilancia de sus guerrillas.

El reloj del campanario de una iglesia, da las 2 en un lugar de la ciudad.

PABLO.- ¡De rodillas!

Los aterrorizados soldados se arrodillan. Pablo, sin decir una palabra más, comienza a ametrallarlos. Los soldados caen muertos o mortalmente heridos.

PABLO.- (a sus hombres) No tomen prisioneros. ¡Rematen a los heridos y desháganse de los vivos! ¡Tenemos que avanzar!

✳

En otro lugar de la ciudad, a millas del primero, Alfredo y su compañía de Guerrillas, llegan a la pared trasera de otro cuartel.

El reloj del campanario de una iglesia distante, da las dos. Torres y dos guerrilleros, siguiendo las órdenes de Alfredo, colocan varias cargas de dinamita a lo largo de la pared del cuartel, se alejan corriendo de la misma, y prenden las mechas de las cargas.

Varias serpientes de fuego avanzan en la obscuridad hacia la pared. Cuatro o cinco explosiones rompen el silencio de la noche y abren una brecha en la pared del cuartel.

Alfredo y sus guerrilleros corren hacia la brecha humeante, y entran en el edificio disparando sus armas.

En el cuartel, los soldados, tomados por sorpresa en medio de la noche, son ahora prisioneros de Alfredo, quien ordena que se reúnan en el patio interior del cuartel. Los Guerrilleros les encañonan con sus ametralladoras manteniéndoles inmóviles.

ALFREDO.- Ustedes son ahora prisioneros de guerra y serán tratados como tales. *(a Torres)* Ordena que los registren y los encierren en las celdas. ¡Nada de abusos ni maltratos! Tomen posesión de las armas y parque y encarga a unos cuantos de tus hombres de ocupar el cuartel. Tú y el resto se irán conmigo.

✳

Alfredo, Torres y el resto de los guerrilleros, llegan a una casa en una calle, desierta a esa hora, en el corazón de la ciudad, y llaman a la puerta. La casa está a oscuras.

VOZ DE HOMBRE.- (desde dentro de la casa) ¿Quién es?

ALFREDO.- El Comandante Alfredo Del Valle. ¡Patria o Muerte!

HOMBRE.- (abriendo la puerta) El túnel está listo, Comandante.

ALFREDO.- (entrando con sus hombres) Gracias Nicasio.

En el patio interior de la casa hay una enorme excavación en el piso de ladrillos del patio. Los ladrillos y tierra producto de la excavación están amontonados junto a la entrada del túnel recientemente cavado.

Alfredo toma la linterna que le entrega Nicasio.

PEDRO.- Sígame, Comandante.

Alfredo y Pedro, seguidos por Torres y el resto de los hombres que comanda Alfredo, portando linternas, entran por el estrecho pasadizo al túnel.

Alfredo y sus hombres emergen del túnel, después de varios minutos, en medio de una espesa vegetación tropical que es parte del cuidado jardín que sirve de fondo al patio trasero del Gran Hotel, en la ciudad de Santa Clara.

Alfredo y sus hombres entran al edificio forzando una puerta de la planta baja. El hermoso salón está desierto. Un reloj da las cuatro.

ALFREDO.- Torres, deja seis hombres para que controlen los elevadores y escaleras. Nicasio, toma tres y ocupa la recepción y administración. El resto, conmigo a la azotea.

Alfredo y sus hombres toman posición protegiéndose detrás de la balaustrada de la varanda. De allí tienen una vista de pájaro privilegiada de la calle frente a la entrada principal del hotel, donde hay soldados y tanques protegiendo el hotel y un edificio cercano del gobierno. Por toda la ciudad se oyen explosiones y ráfagas de metralla. Santa Clara está sitiada.

ALFREDO.- ¡Fuego!

Los guerrilleros bajo las órdenes de Alfredo, divididos en grupos en la azotea, abren fuego cerrado con sus morteros y bazucas contra los soldados de Batista que tienen rodeado el hotel.

Otros guerrilleros están encargados de arrojar granadas de mano contra los seis Tanques Cometa, tres Tanques Sherman y dos Staghounds que protegen la entrada al Gran Hotel y el otro edificio.

Bajo el ataque incesante de Alfredo y sus guerrillas los tanques son un blanco perfecto y quedan inutilizados, engolfados en llamas.

Las explosiones dejan enormes cráteres en la calle impidiendo la llegada de otros tanques y refuerzos a los soldados. Desde los techos y ventanas de diferentes edificios, por toda la ciudad los ciudadanos se unen en la lucha a los guerrilleros, que les dan armas para ello, y disparan contra los soldados que persisten en la lucha.

Muchos de los soldados y policías contraatacan y mueren peleando valientemente, pero finalmente, abrumados por la fuerza aplastante del ataque, son vencidos, se retiran, o se entregan.

La ciudad va cayendo cuadra a cuadra en manos de los guerrilleros. Muchos ciudadanos se suman al ejército Revolucionario y construyen barricadas con automóviles, llantas, camiones, muebles y colchones.

Alfredo, Elmo, Pablo y otros Oficiales en los uniformes hechos jirones del Ejército Rebelde, están de pie en los escalones de la fachada de la Catedral, frente a sus tropas victoriosas.

La tropa saluda y aplaude delirantemente a sus oficiales. Alguien le da un megáfono a Alfredo.

ALFREDO.- ¡La Ciudad de Santa Clara es libre y nuestra!

TROPA Y PUEBLO.- ¡Viva Cuba Libre! ¡Viva la Revolución!

ALFREDO.- ¡Nuestras tropas controlan la mayor parte de la provincia! ¡Ahora, a La Habana! ¡Viva Cuba Libre! ¡Venceremos!

La multitud agita las banderas de Cuba y las roja y negra del Movimiento castrista "26 de Julio."

*

LA HABANA

En el Club de Oficiales de la Ciudad Militar de Columbia, en La Habana, los oficiales de Batista, sus esposas, familiares, y amigos, están celebrando la despedida del año la noche del 31 de diciembre de 1958. Esperan así el Año Nuevo, totalmente indiferentes a la derrota sufrida por el Ejército de Batista y la caída de Santa Clara en manos de las fuerzas castristas.

Los asistentes bailan o se sientan a sus mesas tomando champán. El salón está hermosamente decorado con un enorme árbol de Navidad, globos y serpentinas de colores.

A las 11:45, Batista, el General Tabernilla y sus esposas, unos pocos oficiales y algunos miembros del Gabinete acompañados de sus esposas, entran al salón de baile. Los asistentes se ponen de pie, les aplauden cortésmente, y después vuelven a seguir disfrutando de la fiesta.

Un reloj monumental empieza a dar la hora y los asistentes, siguiendo la tradición, comienzan a contar las doce campanadas hasta la media noche.

ASISTENTES.- ¡...diez, once, doce! ¡Feliz Año Nuevo!

La gente se besa y abraza. En medio de la demostración de alegría y afecto, Batista, su esposa, y el resto del pequeño grupo de su comitiva, sale del salón por una puerta lateral. Nadie lo nota.

En la pista del aeropuerto del Campamento de Columbia, en medio de la noche, Batista, su familia y acompañantes, suben las escalerillas del avión que les espera con los motores en marcha. Los hijos de Batista y otros acompañantes están esperándolos ya en el avión.

El avión se desliza por la pista y finalmente despega.

A la mañana siguiente, el día 1º. de enero de 1959, los titulares de todos los periódicos, y los noticieros especiales por radio y televisión, anuncian la increíble noticia:

El Presidente Fulgencio Batista, escapó de Cuba volando a La República Dominicana.

∗

ENERO 9 DE 1959

La caravana triunfal de Fidel Castro y su Ejército Rebelde, entra en la Habana. El pueblo, desbordante de alegría y esperanza, se lanza a la calle a recibirlos.

La imagen del joven y carismático guerrillero capta la simpatía y la imaginación de la inmensa mayoría del pueblo y la prensa nacional y extranjera. El legendario héroe de La Sierra, Fidel Castro, ha bajado finalmente de las montañas, una vez que Batista y su ejército han sido derrotados por el Ejército Rebelde, al mando de los no menos carismáticos Comandantes Huber Matos, Camilo Cienfuegos, y "Ché" Guevara. Las tropas son recibidas con entusiasmo y adoración.

Las masas, incluyendo a todo tipo de gente, desde los más humildes, hasta los más adinerados y poderosos contribuyentes a la Revolución, hastiados del gobierno corrupto del régimen de Batista, creen en las promesas de justicia y libertad, que como una mantra obsesionante, cada noche ha repetido Fidel Castro desde la Sierra, y le apoyan apasionada y económicamente confirmándole como Máximo Líder de la Revolución.

Jóvenes y viejos, intelectuales, profesionales, estudiantes, escritores, artistas, pintores, profesores, burgueses de clase media, y los grandes hombres de negocio de la Isla, contagiados de idealismo, tienen fe en que el nuevo gobierno traerá paz y justicia a la próspera Isla fértil y maravillosa que es Cuba.

La caravana victoriosa sigue con rumbo a la Ciudad Militar de Columbia, mientras el pueblo, emocionado y agradecido le da la bienvenida a los soldados Rebeldes, los héroes románticos, de aquella clase media increíble de estudiantes, maestros y profesionales idealistas, que han expuesto sus vidas en defensa de la libertad, junto a los campesinos de La Sierra Maestra y de las montañas de El Escambray.

A su paso se les van uniendo, soñadores unos, aprovechados otros, los revolucionarios verdaderos y los de última hora, que se dejaran crecer la barba y el pelo a partir del triunfo de la toma de Santa Clara, para lucir legítimos a la hora del triunfo.

Hay algo en el aire, al agitar miles de banderas cubanas, que conmueve y humedece los ojos de los espectadores delirantes. El mar, a lo largo del Malecón, parece más azul y el cielo más límpido y el sol más brillante, y las esbeltas palmas reales se levantan contra el cielo agitando orgullosas su cabellera verde y lustrosa, ebrias de alegría y esperanza.

En su camión de transporte militar, que fuera unos días antes parte del equipo del régimen derrotado, y ahora parte de la larga caravana de héroes victoriosos, Alfredo, Elmo y Torres, con otros oficiales, saludan a la multitud delirante que les da la bienvenida como al resto en aquella caravana interminable de la tropa. Tienen el pecho lleno de orgullo y fe en el porvenir.

Esa noche, Alfredo llega en un jeep al hogar de María y sus padres. Una reunión intensamente emocional toma lugar entre María y Alfredo.

Están profundamente conmovidos de encontrarse finalmente y se abrazan y se besan apasionadamente.

Teresa e Ignacio se les unen, y abrazan a Alfredo con verdadero cariño, viéndolo sano y salvo. El recuerdo de Juan, que muriera por sus ideales de una Cuba justa y libre, les humedece los ojos y les roza el alma a los cuatro sintiendo que su inmenso sacrificio no fue en vano.

*

ENERO 12 DE 1959

En la madrugada del 12 de enero, en un remoto lugar en el Valle de San Juan, en la provincia de Oriente, doce Oficiales del Ejército Revolucionario, vistiendo el uniforme de campaña verde olivo del nuevo ejército, están sentados a una larga mesa rústica. Varias fogatas alumbran la escena.

Raúl Castro preside el "Tribunal del Pueblo." Lleva su rala e inconfundible "cola de caballo" y una barba igualmente despoblada. Alfredo y Pablo están sentados a cada lado de Raúl.

71 Prisioneros, con grilletes y esposas, vistiendo los uniformes color caqui del Ejército de Batista están de pie, aterrorizados, de espaldas a una ancha y profunda zanja de unos 40 o 50 metros de largo.

ALFREDO.- Yo no estoy de acuerdo con esto, Raúl. Son prisioneros de guerra.

RAÚL CASTRO.- ¿Y qué? Esas son pamplinas.

ALFREDO.- No les hemos dado abogados que les representen legalmente. ¡No hay testigos de que hayan cometido crímenes tampoco! ¡Son soldados de un ejército derrotado, eso es todo!

RAÚL CASTRO.- *(interrumpiéndole arrogante)* Éste es un período especial. Acostúmbrate a esa idea, Alfredo. *(a los condenados)* En nombre del Gobierno Revolucionario, nosotros, como *Tribunal del Pueblo*, les condenamos a muerte.

ALFREDO.- *(en un susurro, a Raúl)* De acuerdo con la Convención de Ginebra no podemos.

OFICIAL PRSIONERO.- Pedimos representación legal. ¡Somos soldados, no criminales!

RAÚL CASTRO.- ¡Si fueron parte del ejército de Batista, son unos criminales! ¡Nosotros somos la ley! No merecen ni tendrán otra representación.

PABLO.- Estoy de acuerdo con Raúl.

ALFREDO.- ¡Yo no! ¡Esto es terrible e ilegal! Quiero que mi objeción aparezca en el acta.

RAÚL CASTRO.- Aparecerá. Un día puedes arrepentirte de ello. Pelotón, ¡Formen!

El pelotón de fusilamiento se coloca frente a los prisioneros. El resto de los soldados revolucionarios que comanda Raúl Castro, acostumbrados a los arrebatos de ira y arrogancia de Raúl, y a los incontables fusilamientos que éste ordenó en la Sierra Cristal que comandaba, contemplan la escena indiferentes. Los condenados están de pie, de espaldas a la fosa abierta de antemano.

OFICIAL PRSIONERO.- ¡Ustedes son los criminales! ¡Asesinos!

RAÚL CASTRO.- ¡Atención!

ALFREDO.- Detén la ejecución, Raúl.

RAÚL CASTRO.- ¡Apunten!... ¡Fuego!

Los cuerpos de los ejecutados caen a tierra. Un fotógrafo toma fotos de la ejecución.

Alfredo, profundamente afectado y en desacuerdo con aquel acto ilegal y brutal, se levanta alejándose disgustado de la mesa del Tribunal.

Los hombres del Pelotón arrastran los cuerpos que no cayeron a la fosa común y los dejan caer en la zanja. Un "bulldozer" cubre con tierra los cadáveres de los enterrados en masa, y la aplana sobre los cadáveres.

Dos meses después, en la Iglesia en que María y Alfredo se despidieran cuando Alfredo se fue a luchar en La Sierra, se celebran sus bodas.

Alfredo, afeitado y sin la larga melena con que bajó de La Sierra, viste su uniforme de oficial. El Padre Fuentes, que le diera albergue antes de su partida, conduce la ceremonia.

En primera fila están los padres de María, Ignacio y Teresa y los de Alfredo, Raimundo y Amalia. Los sobrinitos de María, Cristi y Juanín, son parte del cortejo nupcial, así como Elena, la viuda de Juan, que es Dama de Honor y Gerardo, el hermano de Alfredo.

Manolín, los comandantes Sorí Marín y Elmo, el Teniente Torres y otros tres oficiales acompañan a las seis damas de María.

Al final de la ceremonia, el Padre Fuentes les bendice.

Alfredo besa a María y salen de la Iglesia.

✳

Un Capitán del Ejército Revolucionario con la consabida barba copiosa y la descuidada cabellera hasta los hombros, llega a la puerta de una casa de campo limpia y bien cuidada aunque sin lujo.

El Campesino, el mismo hombre que estaba escuchando con su familia el pronunciamiento de Fidel Castro por onda corta sobre la Reforma Agraria desde La Sierra, saluda al Capitán.

CAMPESINO.- ¿En qué puedo servirle Capitán?

CAPITÁN.- Estamos aquí con órdenes de confiscar su propiedad.

CAMPESINO.- ¿Qué está diciendo?

CAPITÁN.- ¿Ha oído de la Reforma Agraria?

CAMPESINO.- Mi propiedad no es suficientemente grande para ser confiscada. Tengo unas cuantas hectáreas y las trabajamos entre mi hijo y yo. No somos latifundistas ni tenemos tierras baldías.

CAPITÁN.- No importa. Todas las tierras van a ser confiscadas por el Gobierno. Usted puede quedarse aquí, trabajar la tierra, y recibir un salario.

CAMPESINO.- ¡Esta tierra y esta casa son mías! Tengo los papeles para probarlo. ¡Fueron de mi abuelo y de mi padre y pagamos por ellas con nuestro trabajo y nuestro sudor!

CAPITÁN.- Yo sigo las órdenes que me dan.

El Hijo del Campesino llega corriendo a caballo.

HIJO DEL CAMPESINO.- ¡Papá! ¡Estas bestias están asando el toro nuevo! Traté de detenerlos pero--

CAMPESINO.- (*interrumpiéndolo, furioso*) Ese toro me costó una fortuna, casi $10,000. Nos hemos sacrificado y privado de muchas cosas para comprarlo. ¡Es un toro padre de raza! ¡Un semental valioso!

CAPITÁN.- Le diré a los muchachos que le den un buen pedazo de carne.

CAMPESINO.- ¡Yo no quiero carne, idiota! ¡Esto no es lo que Fidel prometió desde La Sierra! Yo lo oía todas las noches y creí en él. Hasta compré bonos para ayudar la Revolución. ¡Lárguense de mi tierra! ¡Lárguense!

La esposa del campesino sale de la casa, preocupada al ver y oír cómo sube de tono la discusión acalorada entre los hombres.

CAPITÁN.- ¡Déjese de eso, compañero! ¡Cálmese!

El Capitán se vuelve y comienza a caminar en dirección a sus hombres y la parrillada en que están asando el toro semental.

El campesino entra a la casa y vuelve a salir inmediatamente con un rifle en sus manos. Dispara una bala al aire para advertir a su adversario de que salga de su propiedad.

CAMPESINO.- ¡Le he dicho que se vayan de mi tierra!

El Capitán se vuelve, revolver en mano, y le dispara al campesino dándole un tiro en el pecho. El campesino cae a tierra muerto. Su hijo toma el rifle y le dispara al Capitán pero no da en el blanco.

El Capitán dispara de nuevo, esta vez contra el hijo del Campesino, matándolo también. La esposa del campesino grita y llora enloquecida ante la muerte de su esposo e hijo.

LA HABANA

Una semana más tarde Fidel Castro está en su despacho hablándole a un grupo de reporteros de televisión y de la prensa escrita. Alfredo está presente.

FIDEL.- Para prevenir tantos accidentes fatales, estamos ordenando a los ciudadanos que entreguen sus armas a las autoridades competentes. De hoy en adelante será ilegal poseer armas de fuego. ¿Armas para qué? ¡Nosotros les protegeremos!

Los Reporteros, silenciosos, acoquinados y a la vez incómodos por el silencio vergonzoso que guardan ante semejante decisión unilateral del Máximo Jefe, salen del despacho.

ALFREDO.- Mucha gente va a sentirse furiosa con esta ley que considerarán injusta. Hasta ahora han tenido derecho a tener armas siempre que tengan un permiso oficial para tenerlas en casa.

FIDEL.- Se acostumbrarán. Tú te preocupas demasiado por estas minucias, Alfredo.

✳

En el hogar de los padres de Alfredo, Raimundo y Amalia están celebrando el aniversario de sus bodas, con una cena íntima para sus familiares inmediatos.

Sentados a la mesa, en un ambiente alegre y feliz están María y Alfredo, Gerardo, los padres de María, Teresa e Ignacio, Elena y los amigos íntimos de Raimundo y Amalia, el Embajador de España y su esposa, Carmina.

Dos mucamas permanecen en el comedor atendiendo al servicio de la cena.

Alfredo se pone de pié y propone un brindis.

ALFREDO.- ¡A nuestros padres en el aniversario de sus bodas!

GERARDO.- ¡Que cumplan muchos más años de casados!

RAIMUNDO.- ¡A mi adorada esposa! ¡A su inteligencia y fantástico buen gusto por haberme escogido a mí entre sus brillantes admiradores!

Todos celebran el buen humor de Raimundo y levantan sus copas en el brindis.

EMBAJADOR.- A mi amigo Raimundo, jurista extraordinario, miembro del Tribunal Supremo de Justicia, obviamente muy modesto y buen jugador de tenis, y a Amalia, por su exquisita gentileza y su bondad extrema.

MARÍA.- ¡A Amalia y Raimundo! Dios quiera que Fidel no se enfade por no ocupar el centro de nuestra celebración.

Todos ríen de buena gana.

✳

Unos días después, Alfredo y María, están jugando una partida de ajedrez. Ella parece distraída, ausente.

ALFREDO.- ¿Qué te ocurre, cariño?

MARÍA.- Hoy vi el juicio de Sosa Blanco en televisión.

ALFREDO.- Uno de los esbirros de Batista. ¿Y...?

MARÍA.- Fue una farsa. Sencillamente algo bochornoso.

ALFREDO.- No entiendo. ¿Qué quieres decir?

MARÍA.- Lo condenaron a muerte en unas horas sin prueba ni testigos de haber cometido los crímenes de que le acusan.

ALFREDO.- (incómodo, evasivo) El hombre es un asesino, María. Ordenó la muerte de otros--

MARÍA.- Tú eres abogado. ¿Viste el juicio?

ALFREDO.- Oí comentarios. No lo vi.

MARÍA.- Fue un espectáculo. ¡Un circo! ¿Es esto por lo que mi hermano Juan luchó y murió?

ALFREDO.- (defensivo) Estamos pasando por un período difícil. No todo se hace como debiera hacerse, es cierto. Pero Sosa Blanco es un asesino que merece ser castigado.

MARÍA.- ¡No puedo creer que *tú* apruebes que se condene a muerte a un hombre a pesar de falta de evidencia! No presentaron un sólo testigo que actualmente le viera ordenando o cometiendo uno de los crímenes de que le acusan.

ALFREDO.- ¡Ni yo estaba allí ni lo condené! La ley se ignora a veces durante una revolución. A mí tampoco me gusta, pero--

MARÍA.- ¡Esa sí que es una buena excusa!

Alfredo, frustrado y furioso sale cerrando la puerta de un portazo.

Seis meses y días después de la subida de Castro al poder. El almanaque muestra la fecha julio 13 de 1959.

En su amplio bufete, Fidel Castro está escribiendo sentado al escritorio. La oficina adyacente, está vacía.

Una miliciana está secando el piso donde se orinara el perro de Castro, un enorme pastor alemán. Fidel está inmerso en su trabajo.

MILICIANA.- ¡Eres un perro muy malo! Te orinas donde te da la gana.

La miliciana, mientras seca el piso, ha movido la bandera roja y negra del Movimiento 26 de Julio que preside el bufete de Castro ocultando inadvertidamente la luz verde que indica que está abierto el intercomunicador que comunica con la oficina adyacente.

La luz verde del intercomunicador está encendida en ambas habitaciones. Alfredo entra a la oficina vacía más pequeña y comienza a buscar con toda calma unos documentos en el archivo.

Raúl entra en la oficina de Fidel y el perro le gruñe. Fidel lo aquieta pasándole la mano.

FIDEL.- Quieto, quieto. Espera un momento, Raúl. Déjame terminar este párrafo.

Raúl luce agitado. Fidel termina de escribir el párrafo en que está trabajando y deja el bolígrafo en el escritorio.

RAÚL.- ¿Oíste lo que acaba de decir Urrutia por televisión?

Alfredo continúa buscando el documento cuando oye el tono agitado de Raúl y el nombre del Presidente Urrutia y entonces escucha atento la conversación a través del intercomunicador.

FIDEL.- No. ¿Qué dijo?

RAÚL.- Que los comunistas quieren crear un segundo frente dentro de la Revolución. Que él está preocupado acerca del "crecimiento de la influencia comunista en el Gobierno Revolucionario."

FIDEL.- ¡Hijo de puta! ¡Decir algo tan estúpido por televisión! ¿Quién carajo se cree que es?

RAÚL.- ¡El Señor Presidente! Tú mismo lo nombraste. Nunca me gustó ni lo creí de los nuestros.

FIDEL.- ¡Tiene que renunciar!

RAÚL.- *(sarcástico)* ¿Después de sólo seis meses en el poder?

Fidel, furioso, camina de un lado a otro del bufete y prende un tabaco.

FIDEL.- Fíltrale a un miembro de la prensa que voy a renunciar como Primer Ministro. El *Granma* publicará lo que le digas sin identificarte como fuente. Añade que existen extremas discrepancias morales e ideológicas entre el Presidente Urrutia y yo.

RAÚL.- Así. ¡Sin más ni menos!

FIDEL.- No entres en detalles. Yo daré una conferencia de prensa el 17 y me encargo del resto. Prepara una buena multitud "espontánea" lista para acudir al Palacio Presidencial dentro de dos horas de mis declaraciones.

RAÚL.- ¡Eres un genio, mi hermano!

FIDEL.- *(ahora de buen humor)* Vamos a celebrarlo con unas copas de cognac.

Fidel toma dos vasos y una botella del bar y sirve dos tragos generosos de cognac.

RAÚL.- ¿Qué te parece Dorticós para Presidente? Es leal al Partido.

FIDEL.- A los rusos les encantará el cambio. Tú crees en los rusos; el "Che" prefiere a los chinos, y yo no creo en ninguno. Pero los usaremos para asustar a los gringos.

Fidel, totalmente calmado, se sienta en su sillón y saborea su tabaco y cognac.

Alfredo, en la oficina contigua, está paralizado de asombro por lo que ha oído por el intercomunicador de boca de los dos hermanos.

Según lo convenido con Raúl, el 17 de julio Fidel está haciendo unas declaraciones ante las cámaras de televisión y un grupo de periodistas.

FIDEL.- (*apasionadamente, gesticulando*) Por lo tanto, estoy anunciando mi renuncia como Primer Ministro en protesta por las acusaciones falsas del Presidente Urrutia. Urrutia está conspirando con los americanos del CIA, para derrotar nuestro gobierno, diciendo que nuestra Revolución tiene una fuerte influencia comunista. ¡No es cierto! ¡Yo no soy comunista ni lo es la Revolución! ¡Nuestra Revolución no es roja! ¡Es verde olivo!

Dos horas después, frente al Palacio Presidencial, se reúne una enorme demostración pidiendo la renuncia del Presidente Urrutia. Ómnibus públicos, repletos de gente, traen continuamente más ciudadanos para sumarse a la protesta.

La multitud porta cartelones y lonas pintadas a brocha en protesta contra el Presidente Urrutia, pidiendo su renuncia.

Los cartelones, repetidamente, pregonan los sentimientos del populacho enfebrecido y proclaman su apoyo a Fidel:

"VIVA FIDEL" "ABAJO URRUTIA" "VIVA LA REVOLUCIÓN y VIVA FIDEL" "FIDEL ES EL HOMBRE" "ABAJO URRUTIA" "URRUTIA ES UN TRAIDOR"

Voces de insulto contra Urrutia se oyen mientras un hombre dirige por un megáfono el coro de voces frenéticas y la multitud enardecida le sigue.

VOCES.- "FIDEL, FIDEL, FIDEL, FIDEL..."

En su hogar, María y Alfredo están mirando la demostración por televisión:

REPORTERO.- ¡Esta demostración en masa en protesta contra el Presidente Urrutia, está tomando lugar dos horas después de que Fidel Castro ofreciera renunciar a su posición de Primer Ministro!

Alfredo apaga el televisor. María luce abrumada.

ALFREDO.- ¡Ha dado un "Golpe de Estado" sin disparar un tiro! Se deshizo de Urrutia y Fidel no renunciará. ¡Yo no puedo ser parte de esta estafa!

Esa noche, un auto se acerca a una de las entradas laterales del Palacio Presidencial. Pablo, llevando ahora las estrellas de Comandante, y otro Oficial, bajan del coche y se dirigen a los Guardias de Palacio. Pablo les muestra su carnet de identificación.

PABLO.- Seguridad. Necesitamos ver al Presidente Urrutia inmediatamente. Pablo y el otro Oficial entran y son llevados a una sala de espera.

El Presidente Urrutia, en payama y bata de casa, entra al salón después de unos minutos.

PABLO.- Tengo órdenes de llevarlos a usted y su esposa a su residencia particular para protegerlo de la ira del pueblo. Permanecerá allí hasta que se le ordene.

PRESIDENTE URRUTIA.- ¡Arrestado en mi propia casa! ¿Por qué tanta prisa? ¿Por qué a media noche?

PABLO.- La Revolución es discreta, pero usted la ha traicionado. Permanezca en su casa incomunicado. No puede tener visitas ni dar entrevistas a la prensa.

✳

CAMAGÜEY

Octubre 21 de 1959. En el cuartel Agramonte, en el despacho del Comandante Huber Matos, Jefe Militar de la Provincia de Camagüey, se entrevistan éste y el Comandante Cienfuegos, Jefe del Ejército Rebelde.

Han pasado apenas nueve meses desde que ambos héroes entraran en La Habana con Castro como parte de la caravana victoriosa y le acompañaran en la tribuna en la antigua Ciudad Militar de Columbia durante su discurso.

CAMILO CIENFUEGOS.- Fidel está furioso porque renunciaste a tu cargo de Jefe Militar de Camagüey, y por tus objeciones a la influencia comunista en el ejército. ¡La carta que le enviaste fue un error garrafal de tu parte, Huber!

HUBER MATOS.- No puedo continuar. No soy comunista y Fidel y Raúl no sólo los toleran sino que los están ascendiendo a posiciones clave en el ejército y en el gobierno. Además, no aceptan opiniones contrarias a las suyas. ¡Mira lo que le pasó al Presidente Urrutia!

CAMILO CIENFUEGOS.- Fidel te considera un traidor y me ha enviado para que acepte tu renuncia. Lo siento. Méndez-Sierra te reemplazará. Fidel llegará más tarde y se encargará de la situación.

HUBER MATOS.- Cuídate, Camilo. Fidel es maquiavélico y egocéntrico. Él sabe que "el pueblo" y los soldados te admiran y confían en ti. ¡Te ve como un posible rival; algo que no tolera! Puede que seas la próxima víctima.

*

TITULAR DE PERIÓDICOS:

"HUBER MATOS DETENIDO Y ACUSADO DE TRAICIÓN POR FIDEL CASTRO"
"24 OFICIALES LEALES A MATOS CONDENADOS COMO TRAIDORES"

*

HUBER MATOS CONDENADO A 20 AÑOS DE PRISIÓN

*

OCTUBRE 28 DE 1959

Fidel y Raúl están hablando en el despacho de Fidel.

FIDEL.- ¿Estamos seguros de que regresará hoy por avión?

RAÚL.- Totalmente. No te preocupes. Tengo absoluta confianza en el piloto del *"Sea-Fury."*

FIDEL.- Tiene que ser una operación sin fallos. Él tiene mucho arrastre.

RAÚL.- No es posible que fallemos. El plan es muy simple.

*

CAMAGÜEY

Al atardecer, Camilo Cienfuegos se despide de los Oficiales que han ido a despedirlo al aeropuerto en Camagüey y aborda el Cessna que lo llevará de regreso a La Habana.

Cuatro minutos después de haber despegado el Cessna, en la misma dirección despega un Sea-Fury de acuerdo con el record de vuelos del aeropuerto.

El avión de Camilo nunca llega a La Habana como estaba destinado.

Al saberse la noticia, una serie de rumores a media voz corre de boca en boca de un extremo a otro de la Isla como tímidos pájaros asustados. El más concreto y serio es que un campesino vio un avión que volaba a gran velocidad, atacando a otro más pequeño y lento derribándolo en aguas del Puerto de Casilda, cerca de la ciudad de Trinidad.

Nunca se encontraron restos del Cessna ni de sus ocupantes.

LA HABANA

La placa en la puerta del despacho de Alfredo identifica su cargo con el gobierno castrista, como "Consejero Legal en Asuntos Internacionales"

Alfredo y Elmo están sentados hablando en voz baja.

ELMO.- La condena a 20 años de prisión de Huber Matos, por haber renunciado a su puesto, es una atrocidad.

ALFREDO.- Sí lo es. Estoy de acuerdo contigo. Fidel está convencido de que Matos estaba boicoteando la Reforma Agraria.

ELMO.- No es cierto. Matos la apoyó y ayudó a implementarla al principio. Después comprendió que tal como la están ejecutando es una estafa, un robo, y no quiso ser parte de ello.

ALFREDO.- ¿Cómo es eso?

ELMO.- Fidel es el dueño absoluto de las tierras confiscadas.

ALFREDO.- ¡Por Dios, Elmo! Las distribuirán...

ELMO.- No entre los campesinos como prometió. ¡Sus hermanos y su camarilla política, poseen ahora la tierra que les regala como un amo magnánimo, comprándoles su apoyo!

ALFREDO.- Les llevará tiempo distribuirlas.

ELMO.- ¡Te resistes y no quieres ver la realidad de lo que está pasando! Está surgiendo una "nueva clase" de burócratas y gente corrupta y sin principios.

ALFREDO.- No estoy de acuerdo con todo lo que el Gobierno está haciendo. Lo de Urrutia fue también una jugarreta sucia. En eso estamos totalmente de acuerdo.

ELMO.- ¡Abre los ojos! ¡Míranos! Nos tiene relegados a estas posiciones burocráticas inútiles, para mantenernos al margen. ¿Te ha pedido Fidel en algún momento tu opinión sobre algo fundamental? ¿Tú crees que la desaparición de Camilo fue realmente un accidente?

ALFREDO.- No lo sé. ¿Qué crees tú?

ELMO.- No creo que fue un accidente. Quisieron deshacerse de él y lo desaparecieron en vuelo sobre el mar.

Los dos amigos quedan silenciosos, sumidos en su propia lucha interior. Ambos lucen preocupados. Alfredo se dirige al pequeño bar, parte del mobiliario de la oficina, y sirve dos tragos dándole uno a Elmo.

Una mañana soleada, en el hermoso Parque Central de La Habana, Anastas Mikoyán, Primer Ministro de la Unión Soviética, está colocando una corona de flores al pie de la estatua del héroe nacional de Cuba, José Martí.

La corona, de claveles rojos y blancos es una réplica de la bandera de la Unión Soviética. La audiencia aplaude.

MICOYÁN.- ¡Viva Cuba! ¡Viva José Martí! ¡Viva la Revolución!

Fidel, Raúl Castro, "Che" Guevara, Raúl Roa, Ministro de Estado, y altos oficiales del Ejército Rebelde están presentes. Alfredo está ausente.

Manolín, al frente de un grupo de estudiantes universitarios, se dirige al monumento y coloca otra corona de rosas blancas.

Los estudiantes llevan con ellos placas con los siguientes letreros:

¡MIKOYÁN: REGRESE A RUSIA! ¡CUBA NO ES HUNGRÍA! ¡VIVA CUBA LIBRE! ¡ABAJO EL COMUNISMO!

Las brillantes limusinas negras con los delegados rusos y oficiales cubanos, incluyendo a Fidel Castro, se alejan a toda velocidad ante la inesperada demostración contra la presencia de Mikoyán.

Manolín toma el micrófono que usara Mikoyán y se dirige al sorprendido público invitado al acto.

MANOLÍN.- Esa bandera, símbolo del comunismo soviético, es una afronta a José Martí, que murió defendiendo los derechos y la independencia de Cuba y su pueblo. ¡Cuba no será un satélite soviético! ¡No queremos ser otra Hungría, Checoslovaquia o Polonia! ¡Viva Cuba Libre! ¡Viva nuestro heroico José Martí!

Los Milicianos corren hacia Manolín y los estudiantes y tratan de dispersarlos y arrebatarles las placas.

Los estudiantes ofrecen resistencia y comienzan a cantar el Himno Nacional Cubano.

ESTUDIANTES.-
  "Al combate corred Bayameses,
  Que la Patria os contempla orgullosa,
  No temáis una muerte gloriosa,
  Que morir por la Patria es vivir."

  En cadenas vivir es vivir
  En afrenta y oprobio sumidos--

MILICIANO.- *(interrumpiéndoles, a voz en cuello)* ¡Idiotas! ¡Váyanse de aquí! ¡Lárguense, gusanos inmundos! ¡Lárguense!

MANOLÍN.- *(en el micrófono)* ¡Ustedes están vendiéndole nuestro país a los soviéticos! ¡Viva Cuba Libre! ¡Abajo el comunismo!

Los milicianos golpean a los estudiantes con la culata de sus rifles. Manolín y el resto finalmente se dispersan. Manolín, sangrando de la cabeza, logra escapar sin ser seguido.

Alfredo, en su coche, pasa por las inmediaciones del parque y ve a Manolín huyendo a toda carrera. Alfredo frena, Manolín sube al coche y se alejan del parque a toda velocidad.

ALFREDO.- ¿Qué diablos te ha pasado?

MANOLÍN.- Estábamos protestando la presencia de Mikoyán. Fidel está haciendo de Cuba otro satélite soviético.

ALFREDO.- Estoy de acuerdo contigo. Después de lo ocurrido hoy, necesitas mudarte, cambiar tu apariencia y unas identificaciones falsas. Yo te las conseguiré.

MANOLÍN.- No quiero involucrarte.

ALFREDO.- No puedes volver a tu casa. Quédate con nosotros en la nuestra hasta que consigamos un lugar seguro.

*

Los titulares del periódico "Diario de la Marina" "Prensa Libre" y otros periódicos aún libres de la censura gubernamental leen:

PRIMER MINISTRO MIKOYAN VISITA LA HABANA

ESTUDIANTES UNIVERSITARIOS PROTESTAN VISITA DE MIKOYAN

ASOCIACIÓN DE ESTUDIANTES UNIVERSITARIOS CATÓLICOS, DISUELTA

EL GOBIERNO CONFISCA TODA PROPIEDAD RENTABLE O "SEGUNDOS HOGARES"

*

Una multitud vociferante, mezcla de paisanos y milicianos, entra en el "Diario De La Marina" e irrumpe en el taller de imprenta del periódico. Los encabeza una miliciana vociferante de cabellera oxigenada y un formidable "derrière".

MILICIANA.- *(arrogante)* ¡Detengan las prensas! ¡En nombre del pueblo, estamos interviniendo todos los periódicos!

Inmediatamente las prensas son detenidas.

MILICIANA.- ¡Se acabaron las noticias y editoriales antirevolucionarios! *(a un empleado, dándole varios pliegos)* Imprima esto en primera plana. De ahora en adelante el Gobierno será quien apruebe lo que imprima el periódico. Ninguna otra fuente, doméstica o extranjera, será usada. ¿Entendido? ¡Comiencen a imprimir!

En un vecindario de clase media, un taxi se detiene frente al jardín de la casa de los vecinos de Alfredo y María. El chofer saca dos maletas del maletero, recibe el pago por la carrera, y se marcha.

Luis y Rosa se acercan a la puerta de entrada. Es entonces que ven que la puerta está sellada con un documento oficial que lee:

PROPIEDAD CONFISCADA. NO TRASPASE

ROSA.- ¿Qué es esto?

LUÍS.- ¡El Gobierno ha confiscado nuestra casa! Algún imbécil del "*Comité de Vigilancia*" debe haber reportado que la casa está abandonada para cogérsela y vivir en ella gratis. ¡Son un hatajo de idiotas y ladrones incompetentes!

Alfredo, que estaba plantando un framboyán en el jardín del frente de su casa, ve a sus vecinos con las maletas en la mano sin entrar a la suya.

ALFREDO.- ¿Qué pasa Luís?

LUÍS.- Han sellado la casa porque estuvimos fuera de la ciudad seis días.

ALFREDO.- (frustrado, abochornado) ¡Increíble! Yo los llevaré en mi coche a la estación de milicianos y explicaremos la situación.

INRA

Alfredo, de uniforme, entra en el lobby del Instituto Nacional de Reforma Agraria, y se acerca a la Recepcionista.

ALFREDO.- Buenos días. Tengo una cita con el Capitán Loredo.

RECEPCIONISTA.- Lo siento, Comandante. El Capitán no está aquí hoy. ¿Puedo ayudarle en algo?

Un hombre de más de 60 años, muy agitado y mal vestido, se acerca a la recepción e interrumpe el diálogo entre Alfredo y la Recepcionista.

HOMBRE.- ¡No está nunca aquí! ¡He tratado de verlo por dos semanas y me dicen que no está!

RECEPCIONISTA.- Compañero, el Capitán está en Moscú.

HOMBRE.- ¡No me llame "Compañero!" ¡No soy "camarada" suyo tampoco! ¡Odio que me llamen así!

RECEPCIONISTA.- ¿Qué diablos le pasa?

HOMBRE.- Ustedes me robaron mi tierra a la fuerza y dijeron que me pagarían un precio justo por mi sitiecito. ¡No me han pagado nada! ¡Me han robado lo único que tenía para vivir!

RECEPCIONISTA.- ¿Qué está diciendo?

HOMBRE.- ¡Maldita sea! ¡Quiero que me paguen por mi tierrita y mis vacas lecheras! ¡He trabajado toda mi vida y ahora no tengo de qué vivir! ¡No me voy de La Habana hasta que me paguen!

ALFREDO.- Por favor, señor. Puede decirme--

HOMBRE.- ¡Usted es uno de ellos! ¡Maldita sean todos ustedes! ¡Son todos unos ladrones! ¡Todos son iguales!

RECEPCIONISTA.- Salga por las buenas o voy a pedirle a los milicianos que lo arresten.

94

ALFREDO.- El está alterado. No quiere insultar a nadie realmente.

1er. MILICIANO.- *(acercándose)* Nosotros vamos a encargarnos de él, Comandante.

ALFREDO.- Mire usted, él no está bien. Déjeme tratar de calmarlo.

2° MILICIANO.- Ya sabemos cómo tratar estos casos. Está encabronado. Vienen a joder con ese cuento todos los días.

HOMBRE.- ¡A mí van a tener que matarme, hijos de puta! No me voy hasta que--

Uno de los Milicianos le da con el puño cerrado un golpe tremendo al Hombre que cae fulminado por el puñetazo. Los Milicianos lo sacan del edificio por una puerta lateral.

Alfredo, avergonzado, abre la primera puerta que encuentra en el lobby. Es un baño. Furioso y frustrado, toma una silla de metal y la arroja contra un espejo haciéndolo pedazos. Una vez controlado, sale del baño al lobby y finalmente a la calle.

Después de la embarazosa escena del Instituto Nacional de Reforma Agraria, Alfredo entra en su casa.

Va al pequeño bar, toma una botella de scotch y se sirve un trago. Lo toma de un golpe y permanece sentado ante el bar.

ALFREDO.- ¡Qué estafa!

Se sirve otro trago. María llega y lo ve. Alfredo luce abrumado, derrotado interiormente.

MARÍA.- ¿Qué te pasa, mi amor? ¿Estás bien? ¿Qué ha ocurrido?

ALFREDO.- ¡Estoy abochornado y furioso conmigo mismo! Antes me sentía orgulloso de mis acciones y de luchar por mis principios.

MARÍA.- ¡Yo estoy orgullosa de ti! Estás deprimido y bebiendo demasiado últimamente. ¡Eso es algo totalmente nuevo en ti!

ALFREDO.- No me digas qué cosa está bien o mal. ¡Matar a otro ser humano es algo terrible! ¡Abusar de la gente indefensa es un crimen imperdonable! ¡No puedo creer que sea parte de este fraude, de esta mentira, de esta porquería que es la Revolución!

MARÍA.- ¡Tú luchaste por una causa justa! Fidel prometió reformas justas. Mintió y lo creímos. ¡Nos engañó! ¡Eso es todo!

ALFREDO.- ¡Eso no excusa lo que hice en La Sierra, coño! ¡Me gané estas estrellas matando! Todavía me persigue el terror que vi en los ojos del pobre soldado que rematé.

MARÍA.- Obedeciste la orden que te dio Fernando. Hemos hablado de ello hasta el cansancio. Esas cosas pasan en las guerras.

ALFREDO.- No sé a cuantos maté en combate en esa maldita guerra. Y todas esas muertes sirvieron para que este hijo de puta subiera al poder y se convirtiera en otro ladrón y un dictador peor!

Al día siguiente, Alfredo y Elmo están hablando en el despacho de éste último.

ALFREDO.- Tenías razón, Elmo. Todo esto es una estafa.

ELMO.- ¿Estás listo para envolverte de nuevo en la lucha?

ALFREDO.- Por eso estoy aquí.

ELMO.- Me alegro. Hay una rama importante de oficiales del ejército Rebelde y miembros del Gabinete que sienten que Fidel ha traicionado todas sus promesas de justicia social. Yo estoy trabajando con ellos.

ALFREDO.- Quiero unirme a ustedes.

Elmo escribe unas líneas en una hoja de papel.

ELMO.- ¡Necesitamos gente como tú, Alfredo! Sabía que te pondrías de nuestro lado. Ven a esa dirección esta noche. Sorí Marín estará muy contento de verte. La contraseña es "Martí en Dos Ríos."

✳

La puesta de sol sobre el horizonte es soberbia. Alfredo y María tomados de la mano caminan por la orilla del mar mientras hablan. La playa está desierta.

ALFREDO.- Lo que estás pensando hacer es fantástico pero muy peligroso.

MARÍA.- Sé que puedo hacerlo. De algo han de servirme los dos cursos de ruso que tomé. Además cuento con Ana que lo habla perfectamente y nos será muy valiosa.

ALFREDO.- Aún así...

MARÍA.- Me siento cómoda volviendo a trabajar en *Inteligencia* con Manolín en el MRR. Estoy asqueada como tú de ver lo que está pasando.

EMBAJADA RUSA EN LA HABANA

La bandera de la Unión Soviética tiene un lugar prominente en el despacho de Vladimir Ivanovich, alto miembro del cuerpo diplomático ruso en La Habana. En la pared hay retratos de Lenin, Stalin y Khruschev.

Vladimir y María están sentados, hablando.

VLADIMIR.- Su resumé es impresionante, Profesora. Leí su libro y me gustó. ¿Por qué le interesa el cargo de Consultante en Relaciones Públicas en nuestra Embajada?

MARÍA.- El apoyo de Rusia es vital para Cuba. Yo participé en la lucha a favor de la Revolución y quiero ayudar a su éxito.

VLADIMIR.- Comprendo.

MARÍA.- Como escritora y profesora de literatura puedo servir de puente con otros intelectuales de América Latina, cuyo apoyo y simpatía son valiosísimos para la imagen de la Revolución.

VLADIMIR.- ¿No tendrá conflicto con su horario en la Universidad?

MARÍA.- No. Enseño en la mañana. Puedo trabajar en la Embajada en la tarde y cuando haya una recepción, de noche también.

VLADIMIR.- La recomendaré a Su Excelecia el Embajador. Estimamos que es fundamental tener pesonal cubano trabajando con nosotros. Ha sido un placer conocerla, Profesora Del Valle.

✳

María y Pablo están almorzando en un pequeño restaurante.

MARÍA.- Estoy confundida, Pablo. ¿Qué cosa te preocupa que puedas discutir conmigo y no con Alfredo?

PABLO.- Creo que siendo mujer lo entenderás mejor. ¿No te preocupa que tanta gente esté siendo encarcelada o ejecutada? A mí me molesta y me preocupa.

MARÍA.- Habla con Alfredo. Generalmente las revoluciones no facilitan nunca transiciones fáciles. El lo comprende así.

∗

Esa noche, Alfredo y María están conversando en la terraza de su casa.

MARÍA.- Creo que Pablo estaba tratando de saber qué pensamos de la situación. ¿Por qué si no me habrá invitado a almorzar para decir lo que dijo?

ALFREDO.- Puede que sospeche que no seguimos apoyando esta farsa. Está subiendo rápido en *Seguridad* y es capaz de delatarme para ganar ascensos y la confianza de Fidel y Raúl.

∗

Ignacio, el padre de María, está en la ventanilla de una de las cajeras del banco con el que tiene negocios, porque necesita sacar una suma de dinero de su cuenta bancaria.

CAJERA.- *(apenada)* Lo siento Señor Castillo. Usted ya sacó dinero de su cuenta de ahorros este mes. Según las nuevas leyes de la Reforma Monetaria, sólo puede retirar fondos de su cuenta, por la cantidad que le asignó el Gobierno, una vez al mes.

IGNACIO.- ¡Esto es un robo a mano armada! Tengo gastos de negocio. Además, ¡yo tenía en esa cuenta $100,000 y el gobierno se incautó de $90,000 en "nombre del pueblo."! Ahora, ni siquiera tengo acceso al resto, que es una minucia, cuando lo necesito.

CAJERA. *(en un susurro)* ¡No hable así! Si lo oyen lo arrestan.

Ignacio, frustrado y a la vez furioso, sale del banco.

✳

Esa noche, al final del día de trabajo en la librería, Ignacio y Teresa conversan mientras él conduce su coche de regreso a su hogar.

IGNACIO.- El Gobierno ya empezó a incautarse de todos los negocios, grandes y pequeños y desde luego tomarán el nuestro.

TERESA.- ¿Qué estás diciendo? ¡Lo que tenemos lo hemos hecho trabajando honestamente!

IGNACIO.- Ya no están simplemente "nacionalizando" las empresas extranjeras, como al principio, o incautándose de bienes "mal habidos" de políticos deshonestos. Están apoderándose de todos los negocios privados en manos de los ciudadanos del país, y han congelado todas las cuentas bancarias. No te había dicho lo del banco por no preocuparte. ¡Estamos presenciando el fin de la propiedad privada!

✳

Ignacio y Teresa llegan a su casa y continúan hablando. Él se derrumba, más que sentarse, en una butaca cómoda. Luce agotado.

TERESA.- Podemos vender la librería.

IGNACIO.- Nadie está comprando ningún negocio. Es lógico. Miles de personas abandonan sus negocios y sus casas y se van del país. Tengo 60 años y me siento incapaz de marcharme y empezar de nuevo en otro lugar.

TERESA.- *(no sabiendo qué decir)* ¿Quieres que te prepare un *Martini*?

IGNACIO.- No, gracias, Teresina. No me he sentido bien durante todo el día.

Teresa se coloca detrás de la butaca, le rodea con sus brazos los hombros y el pecho, y lo besa en la frente con profunda ternura. Va hacia el tocadiscos y pone un disco de Pablo Casals, aparentando que no está preocupada, y después sale al jardín.

Ignacio permanece sentado con los ojos cerrados.

Como por arte de magia un niño de unos cinco años, aparece jugando en frente de Ignacio cuando éste era joven. El niño está montado en un caballito negro de madera. Sus ropas y las del joven Ignacio reflejan los estilos de 30 años atrás.

JUAN NIÑO.- ¡Mira Papi! ¡Mira cómo galopa mi caballo!

JOVEN IGNACIO.- *(encantado con su hijo)* ¡Pues sí que galopa! ¿A dónde vas, Juan?

JUAN NIÑO.- ¡Al Valle Mágico! ¡Vente conmigo, papi!

JOVEN IGNACIO.- Llévame contigo, hijo. Quiero ir también, pero estoy muy cansado. Me duele el pecho tanto, tan--

En medio de la frase, el niño, el joven Ignacio y el caballito, desaparecen.

De nuevo en el presente, Ignacio permanece sentado. Teresa vuelve a entrar a la sala desde el jardín, seguida de Alfredo y María que acaban de llegar a visitarlos. Teresa trae unas rosas que acaba de cortar.

TERESA.- Mira Ignacio, el rosal que plantaste ha florecido.

Ignacio no contesta.

TERESA.- ¡Y mira quiénes están aquí! ¿No están preciosas, Alfredo? ¡Ignacio es un jardinero maravilloso!

ALFREDO.- Sí que lo es. ¡Mejor que yo, de seguro! ¿Qué tal Ignacio?

Ignacio sigue sin contestar. Los tres van hacia él alarmados.

MARÍA.- Papá, ¿te sientes bien? ¿Qué te pasa? ¿Por qué no contestas?

Alfredo trata de encontrarle el pulso. Al no lograr sentírselo, se precipita al teléfono y disca un número mientras María y Teresa tratan de despertar a Ignacio inútilmente.

ALFREDO.- Habla el Comandante Alfredo Del Valle. Envíe una ambulancia inmediatamente a la 7ª Avenida, número 12011.

MARÍA.- Papá, ¿tú me oyes? Dios mío, ¡esto es terrible!

Ignacio permanece inmóvil mientras María, desesperada trata de despertarlo inútilmente.

TERESA.- Ignacio, di algo. ¡No te me mueras, Ignacio de mi vida!

Dos semanas después de la muerte de Ignacio, Teresa, vestida de negro, camina por la acera sumida en sus pensamientos después de haber estacionado el coche, dirigiéndose a la librería.

Abstraída, no nota que hay Milicianos montando guardia frente a las puertas cerradas de todas las tiendas incluyendo la Librería Castillo, y se encamina a la puerta principal para abrirla.

Un Miliciano, portando una ametralladora checa, le obstruye el paso a la puerta cuando trata de abrirla. Otros dos Milicianos bloquean las otras dos puertas de la librería. Las tres puertas están selladas con pliegos impresos que leen:

"PROPIEDAD INTERVENIDA" "NO TRASPASE."

Teresa trata de abrir la puerta, ajena a la presencia del Miliciano.

MILICIANO.- ¡Deténgase! ¿No ve que la puerta está sellada?

TERESA.- ¿Por qué? ¿Qué pasa?

MILICIANO.- El Gobierno ha intervenido todos los comercios.

TERESA.- ¿En medio de la noche? ¡La Librería es todo lo que tengo para vivir!

Algunos peatones miran la escena de reojo y continúan, sin detenerse, para evitar ser parte de ello.

MILICIANO.- Yo sólo sigo órdenes. Se le notificará oficialmente.

TERESA.- *(furiosa)* ¿Y ésta es la Revolución por la que murió mi hijo?

MILICIANO.- ¡Ey! ¡No me venga con discursos! Ya le darán una pensión.

TERESA.- Unos cuantos pesos devaluados por la incompetencia de este gobierno incapaz. Esos pesos ahora no valen nada. ¡Son una basura!

MILICIANO.- ¡Lárguese de aquí y no joda! ¡Váyase!

Alfredo, uniformado, llega a la escena en su coche, lo estaciona junto a la acera frente a la librería, oye al arrogante, Miliciano insultando a Teresa y le responde a sus insultos.

ALFREDO.- ¡Déjese de insultos! ¡Está humillando a mi suegra innecesariamente!

MILICIANO.- Sigo las órdenes que me dieron, Comandante.

ALFREDO.- ¡Malamente! No se supone que la Revolución maltrate a nadie. El hijo de esta mujer murió luchando por ello. ¡Esto es una afrenta y un abuso!

Alfredo está furioso ante la conducta del Miliciano. En un gesto protector rodea con el brazo los hombros de Teresa y la lleva hasta su coche.

ALFREDO.- (a Teresa) Acabo de enterarme de las intervenciones y vine para acompañarla. ¡No hay nada que yo o nadie podamos hacer! Lo siento de veras, Teresa. ¡Es un robo y un abuso increíbles!

TERESA.- Ignacio tenía razón. ¡Gracias a Dios no vivió para ver esto! Es triste saber que mi hijo Juan murió por gusto.

✳

María está trabajando en su oficina en la Embajada rusa. Vladimir llama a la puerta y entra.

VLADIMIR.- La recepción para los escritores colombianos y mejicanos fue un éxito. Estás haciendo muy buen trabajo, María.

MARÍA.- Gracias, Vladimir.

VLADIMIR.- Estaré de vuelta en una hora.

Vladimir se aleja. Después de unos minutos María se acerca al escritorio de Ana, una joven estudiante de unos 18 años, que María recomendó y que trabaja en la oficina adyacente a la de Vladimir.

MARÍA.- Si alguien pregunta, di que Vladimir estará de vuelta en dos horas.

ANA.- Está bien.

María entra en el despacho después de usar una llave que tenía consigo y vuelve a cerrar la puerta.

Se dirige a un gabinete que contiene el archivo, lo abre usando una llave pequeñita que tiene en la mano, y comienza a buscar un documento.

El documento está escrito en ruso. Ella lee brevemente el principio del mismo. María toma fotos de cada página con una cámara pequeña. Devuelve el documento al archivo. Lo cierra, sale del despacho, y vuelve a pasar llave a la puerta.

María se detiene ante el escritorio de Ana y le entrega el rollo que saca de la cámara.

MARÍA.- Ya sabes cómo revelarlo. Tradúcelo tan pronto como puedas. ¡Gracias a Dios que te enviaron a Rusia a estudiar!

Ana sonríe, toma el rollito y lo guarda en su bolsa.

María está frente a sus estudiantes en la Universidad dos días después. Ana es parte del grupo.

MARÍA.- Para el próximo reporte, desarrollen el tema del papel de la mujer en las tres tragedias de García Lorca. Por favor, denme el asignado para hoy antes de irse. Gracias.

Los estudiantes le entregan sus tareas y salen de clase. La última en salir es Ana que con la suya le entrega un sobre cerrado.

ANA.- Aquí tiene también la traducción, profesora. ¡Increíble!

MARÍA.- Gracias Ana. No sé que haríamos sin ti.

María se dirige a una cabina de teléfono público en un pasillo de la Escuela y marca un número. Un Hombre contesta.

HOMBRE.- Diga.

MARÍA.- Con Esther o Ricardo, por favor.

HOMBRE.- No están. Déme su nombre y número de teléfono y les diré que le llamen.

MARÍA.- Llamaré más tarde. No es nada importante. Gracias.

HOMBRE.- *(insistente)* Estarán de vuelta en diez minutos. Si me da su número--

María cuelga. Luce desconcertada y preocupada.

Esa noche María, conduciendo su coche, llega a una calle de residencias de un vecindario de clase media acomodada en el Vedado, en La Habana. María estaciona su coche y comienza a caminar sin prisa por la acera.

Ve que un coche que viajaba a excesiva velocidad, se detiene con un frenazo frente a una casa. Cuatro hombres salen del coche.

Dos de ellos entran sin llamar empujando la puerta entreabierta. Los otros dos se quedan a la entrada y conversan en voz baja.

María está caminando por la acera a unos pies de la casa en cuestión. La puerta de la casa se abre. Ricardo y Esther, esposados, salen seguidos de sus captores, agentes del temido G2, la Policía Secreta del régimen castrista en esa época. Los de la Secreta visten de saco y corbata.

El Capitán Figueres, jefe del grupo, se dirige a María que está ahora muy cerca de ellos.

FIGUERES.- Señora. Me luce que está dirigiéndose a esta casa.

MARÍA.- No, señor. Voy a la casa de al lado.

Figueres le muestra su carnet de identidad.

FIGUERES.- Capitán Figueres. Departamento de Seguridad del Estado. ¿Su nombre, por favor?

MARÍA.- María Castillo de Del Valle. Mi esposo es el Comandante Alfredo Del Valle.

FIGUERES.- Perdone usted. Conozco a Alfredo. ¿Conoce a esta gente?

RICARDO.- No conocemos a esta señora. Quiero ver a mi abogado; esto es--

FIGUERES.- ¡Cállese. Nadie le preguntó a usted! Perdone, señora. Buenas noches.

MARÍA.- Buenas noches, Capitán.

María continúa caminando, aparentando no estar afectada al ver a Ricardo y Esther esposados y en manos del G2. Va a la casa vecina y oprime el timbre. Una mujer abre la puerta.

MUJER.- (frente a la desconocida) ¿En que puedo servirla?

MARÍA.- Disculpe usted, señora. Tengo problemas con mi coche y no logro que arranque. ¿Puedo usar su teléfono para llamar a mi esposo, por favor?

MUJER.- Desde luego. Pase usted.

María entra y la puerta se cierra tras ella.

El grupo de la Policía Secreta y la pareja arrestada están todavía en la acera frente a la casa vecina.

FIGUERES.- Es cierto que iba a la casa de al lado. Vámonos.

Los de la Secreta entran en varios coches que estaban aparcados frente a la casa de Ricardo y Esther y se los lleva a cada uno en un coche diferente.

✳

María y Alfredo están sentados a la mesa de un discreto Piano Bar después del episodio de la Secreta con Ricardo y Esther. El camarero les trae dos tragos. La música es suave y grata.

ALFREDO.- ¡Así que fuiste a entregarles la traducción!

MARÍA.- El hombre que contestó el teléfono, sonaba demasiado ansioso y le colgué. Ya de noche decidí llevarles la traducción. Te digo que me afectó enormemente ver esposados a Ricardo y Esther.

ALFREDO.- El G2 infiltró esa célula. ¿Pueden trazarla hasta ti?

MARÍA.- No. Ellos me conocen como "Carmen" a secas y no tienen mi teléfono ni dirección.

ALFREDO.- Lee la traducción. Memorizaremos lo que diga y la destruimos.

María abre el sobre sellado.

MARÍA.- Yo no la leí pues simplemente tomé fotos por temor a que Vladimir regresara. *(leyéndola)* ¡Dios mío! ¡Es acerca de los sitios en que fabricarán bases de cohetes! ¡Estarán bajo control de los rusos!

ALFREDO.- (echándole un vistazo) ¡Esto es oro puro! Manolín está en Guatemala. Tengo que hacérselo llegar a los americanos.

MARÍA.- ¿Cómo?

ALFREDO.- Diremos que tu abuelita está enferma y tenemos que ir a Guantánamo. Tú te quedas con ella y yo haré el resto. Saldremos mañana.

*

GUANTÁNAMO

Dos días después, Alfredo entra en un taller de reparaciones de coches. Hay un hombre joven trabajando en un automóvil.

ALFREDO.- Buenos días. ¿Está Francisco?

FRANCISCO.- Soy yo. ¿Qué se le ofrece?

ALFREDO.- "Martí en Dos Ríos."

La actitud de Francisco cambia inmediatamente.

FRANCISCO.- No he sabido de Manolín.

ALFREDO.- Está en Guatemala visitando los campamentos de entrenamiento. Necesito ir a la Base Naval. Él me dijo que te hablara si necesitaba hacer contacto con los americanos.

FRANCISCO.- Cada día es más difícil; más peligroso. Castro ha añadido más minas a lo largo de la costa en esa área. ¿Eres buen nadador?

ALFREDO.- Sí. Como Manolín. Tengo que darles información crucial. Él estará fuera un mes.

FRANCISCO.- Te llevaré a la costa esta noche.

*

Alfredo y Francisco, vistiendo ropas oscuras, caminan por la orilla del mar, en la costa sur de Cuba, llevando cañas de pescar. Es una noche sin luna. Finalmente se detienen junto a un macizo de uvas caleta.

En la distancia, del otro lado de la Bahía, brillan las luces de la Base Naval de Guantánamo.

FRANCISCO.- Tendrás seis horas para cruzar la Bahía en línea recta desde aquí al centro de esas luces en el horizonte. La Base ocupa ambos lados de la entrada a la Bahía.

ALFREDO.- ¿Y si me toma más de seis horas?

FRANCISCO.- Te ahogas. La marea alta está al terminar. La baja te ayudará a nadar hacia el sur y la Base.

FRANCISCO.- Toma este cuchillo. Hay muchos tiburones en estas aguas.

ALFREDO.- Gracias Francisco. Estaré de regreso el martes por la noche.

FRANCISCO.- Te estaré esperando aquí. Me llevo tus ropas y tus zapatos. No podemos dejar huellas. ¡Buena suerte!

Alfredo se deshace de sus ropas y se queda en trusa. Coloca la traducción dentro de un bolsillo interior del traje impermeable de hombre rana que llevaba en una pequeña bolsa de mano.

Se pone el traje sobre la trusa y se coloca unas aletas que le darán más velocidad al nadar. Finalmente se pone la funda con el cuchillo a la cintura.

Camina cuidadosamente hasta la orilla y empieza a nadar cuando el agua le sube al pecho.

Mientras Alfredo se aleja nadando, Francisco comienza su regreso al lugar de partida caminando por la orilla. Ha caminado unos doscientos metros cuando su pie toca algo duro enterrado en la arena.

Una explosión tremenda rompe el silencio de la noche. Los restos ensangrentados y mutilados de Francisco yacen dispersos en la arena.

Alfredo estaba nadando cuando oye la explosión. Se queda congelado en el agua sin seguir nadando; mira hacia la playa y ve el naciente fuego que ha producido la explosión en la alta hierba que crece a tramos en el arenal.

Se siente culpable y profundamente conmovido por lo ocurrido. Sabe que Francisco ha muerto en la explosión. Con un enorme esfuerzo, controla sus emociones y continúa nadando hacia el horizonte de luces parpadeantes de la Base.

Horas después, Alfredo continúa nadando en medio de la Bahía. Le rodean las negras aguas de la Bahía de Guantánamo, la obscuridad impenetrable de una noche cerrada y la sensación angustiosa e inquietante de haber sido la causa de la muerte de Francisco; un peso más que cargar sobre sus hombros.

En la distancia, se escuchan disparos de ametralladora. Repentinamente, una explosión de luces de bengala ilumina el cielo y el agua. El sonido de ráfagas de ametralladora se continúa escuchando a lo lejos ininterrumpidamente.

Un bote patrullero con los faros encendidos pasa a toda velocidad muy cerca de Alfredo que se sumerge a tiempo de no ser visto. El patrullero va en dirección al lugar donde se oyeran las ráfagas, y él se estremece de angustia pensando que alguien, tal vez un perseguido que trataba de escapar de la Isla cautiva, fue descubierto y está siendo ametrallado en medio de la noche.

✳

Cuando el amanecer comienza a filtrarse en el cielo en una tenue claridad que rompe las tinieblas de la noche, Alfredo se siente exhausto. Ve frente a él la sombra masiva de lo que parece ser un enorme almacén y un ancho y largo muelle de concreto.

En la playa, a unos metros de la cerca de alambre que separa el territorio cubano de la Base Naval Americana y el muelle, hay una garita de madera, sostenida por cuatro postes, que sirve de puesto de observación a los guardias castristas que vigilan los alrededores. Sobre la garita flota una bandera cubana.

La noche comienza a desvanecerse sobre el horizonte y las primeras trazas del amanecer rielan las aguas.

Alfredo hace un esfuerzo sobrehumano y nada a toda la velocidad de que es capaz hacia el muelle de concreto.

Está a unos 400 pies del muelle cuando oye el primer disparo.

Los Guardias de la garita lo han descubierto nadando hacia el muelle de la Base y tiran a matar. Una lluvia de balas barre las aguas a su alrededor. Alfredo se sumerge y continúa nadando bajo el agua por un trecho.

Finalmente sale cerca del muelle y nada desesperadamente, aunque agotado, hacia el muelle salvador.

Cinco Marines Americanos, que oyeron la balacera, salen del almacén y van hacia el borde del muelle y le alientan en su lucha con las olas.

MARINES.- ¡Apúrate! *"Come on!"* ¡Estás muy cerca! ¡Sigue nadando! ¡Más rápido! *"Give it all you've got, man!"*

Alfredo llega al muelle. Los Marines le echan una cuerda y lo suben al muelle donde se tiende totalmente agotado. Alguien lo cubre con una colcha. Los Marines lo acogen con hurras y exclamaciones de bienvenida.

SARGENTO DE MARINES.- ¡Bienvenido a territorio americano!

✳

Al día siguiente, Alfredo se entrevista con el Jefe de Inteligencia de la Base. El Oficial tiene en su buró, y ha acabado de leer, el reporte que Alfredo le entregara.

OFICIAL.- Este documento es extremadamente valioso, Comandante. Lo enviaré inmediatamente al Jefe del Buró de la CIA. ¿Qué más puedo hacer por ayudarle?

ALFREDO.- Ya sabe que tenemos hombres recibiendo entrenamiento por instructores americanos en los campamentos de Guatemala. Necesitamos su apoyo durante la invasión. Entiéndame; ¡no pretendemos que los Marines desembarquen en Cuba! Estamos absolutamente dispuestos a luchar por nuestra Patria.

OFICIAL.- Lo sé. ¿Exactamente que necesitan?

ALFREDO.- Aviones para que nuestros pilotos los vuelen y destruyan la fuerza aérea de Castro antes de que nuestra brigada desembarque.

OFICIAL.- ¿Qué más?

ALFREDO.- Necesitamos también que los aviones nos cubran y apoyen durante el desembarco. Nuestros pilotos han recibido entrenamiento y tienen experiencia para hacerlo. No necesitamos pilotos americanos, pero sí sus aviones.

OFICIAL.- ¡Tengo entendido que tendrán los aviones que necesiten!

ALFREDO.- También necesitamos tanques y artillería pesada para que las tropas puedan avanzar hacia La Habana después de controlar el área de desembarco.

OFICIAL.- Es lógico. Supongo que es parte del plan. Reiteraré que los necesitan.

ALFREDO.- ¡Muchas gracias! Tengo que regresar a Cuba. Mi guía pisó una mina y murió cuando regresaba a la ciudad.

OFICIAL.- Lo siento. ¿Cómo podemos ayudarle?

ALFREDO.- ¿Podrían volarme a Key West y llevarme por lancha a unas siete millas de la costa de Cuba? Nadaré desde donde me dejen.

OFICIAL.- Sí. Podemos hacerlo.

Alfredo escribe una nota mientras habla con el Oficial.

ALFREDO.- ¡Mil gracias! Envíe este cable desde Miami a esa dirección en La Habana, por favor. Dice que Tía Ana está bien después de su cirugía y volverá a casa el sábado.

OFICIAL.- Yo me encargo de arreglarlo todo. Descanse un día con nosotros. ¡Buena suerte, Comandante! ¡Es un honor haberle conocido!

ESTRECHO DE LA FLORIDA

Mar abierto. Dos días después, Alfredo está en una lancha de carreras con dos acompañantes americanos. El lleva el "wet suit" y unas aletas nuevas. Están en las aguas del Estrecho de la Florida.

LARRY.- No podemos adentrarnos más.

ALFREDO.- ¡Gracias por traerme hasta aquí!

LARRY.- El compás que llevas en la muñeca te indicará en qué dirección debes nadar a partir de este momento. Una vez cerca de la costa, dirígete hacia la luz que se encenderá y apagará tres veces cada tres minutos. ¡Buena suerte, Alfredo!

ALFREDO.- ¡Ojalá y pueda invitarlos a una buena comida cubana pronto en una Cuba libre!

Alfredo salta de la lancha y comienza a nadar de regreso a Cuba. Tiene frente a él una larga travesía.

Pasan varias horas. Con cada brazada se dice, como una mantra invencible, "sigue braceando, sigue adelante, sigue braceando." Está cansado pero continúa nadando rodeado de un mar agitado mientras escudriña la lejanía en busca de la señal ansiada.

Repentinamente ve el titileo de una luz en la distancia que se enciende y apaga tres veces y se dirige hacia ella aumentando su ritmo y concentrándose en avanzar rápidamente.

El perfil obscuro de la costa norte de Cuba, como el lomo de un enorme cocodrilo, parece darle la bienvenida.

Ahora las arenas del tiempo súbitamente parecen deslizarse más rápidamente escapándosele. Se acerca el amanecer.

Alfredo está ya muy cerca de la costa. La luz se enciende y apaga de nuevo tres veces y él continúa nadando hacia ella. El sol comienza a levantarse como una increíble esfera en llamas en el horizonte tiñendo el cielo de malva, naranja y oro.

Alfredo, finalmente se arroja agotado en la arena de un playón desierto empujado por el oleaje.

Inmediatamente, Elmo sale de su escondite entre las uvas caletas que crecen allí y corre hacia él cubriéndolo con una frazada. Tan pronto como Alfredo logra arrastrarse hacia el refugio de la vegetación de la playa, lo hacen así. Ha pisado por fin la arena blanca y fina de su Cuba amada. Está exhausto y titiritando de frío pero ha cumplido su misión.

Alfredo, agotado pero lleno de esperanza, abre la puerta y entra en su casa. María, ansiosa, corre hacia él y lo abraza.

MARÍA.- ¡Mi amor! No vuelvas a hacer esto nunca más. He estado muriéndome de angustia y miedo pensando que--

ALFREDO.- Estoy bien. Ya te contaré. Ahora necesito dormir. Estoy muerto de cansancio.

Dos días después, el timbre de la puerta suena. María, que estaba leyendo un libro, se levanta de la butaca y abre la puerta.

MARÍA.- ¡Pablo! Alfredo no está--

PABLO.- Ya lo sé. Es a ti a quien quiero ver. ¿Puedo pasar?

MARÍA.- ¿Pasa algo?

PABLO.- Necesito hablar contigo.

Después de una pausa incómoda María accede y Pablo la sigue hasta la sala y se sientan.

MARÍA.- ¿Qué ocurre?

PABLO.- No sé en qué otra forma decírtelo. Estoy enamorado de ti. Ojalá y te hubiera conocido antes que Alfredo.

MARÍA.- ¿Pero qué dices? ¿Has perdido la razón?

El perrito, que le diera Alfredo a María en La Sierra ha crecido y es un hermoso animal joven. Entra en la sala y se echa a los pies de ella.

PABLO.- Estoy obsesionado contigo. Pienso en ti constantemente.

MARÍA.- ¡Cómo te atreves a hablarme así! ¡Es un insulto! ¡Sal ahora mismo de esta casa y no me vuelvas a hablar así más nunca!

PABLO.- María, por favor, escúchame--

MARÍA.- ¡Ni una palabra más! ¡Lárgate de mi casa!

María se pone de pie. Pablo, calmadamente, la sigue hasta la puerta. María está de espaldas a Pablo. Antes de que ella logre abrir la puerta para que éste salga, Pablo la toma en sus brazos y empieza a besarla en el cuello. María lucha por zafarse del abrazo. Él la deja que se vuelva sin dejarla escapar del círculo de sus brazos y la besa en los labios.

María logra empujarlo y toma una escultura de cristal de la consola del hall de entrada. Está furiosa.

El perro gruñe y se acerca más a María.

PABLO.- ¡Cálmate mujer! ¡No es para tanto!

MARÍA.- ¡Vete y no te me acerques siquiera, hijo de mala madre! Pablo parece estar entretenido por la escena y abre la puerta para salir de la casa, pero se vuelve antes de marcharse.

PABLO.- ¡Me gustas mucho y diera cualquier cosa porque fueras mía! ¡Qué pena que seas tan puritana! ¿Sabes qué? Búscate un perro de verdad. Éste no da la talla.

✳

María está leyendo acostada. Alfredo termina de ducharse y entra a la alcoba envuelto en una toalla, y se sienta en la cama.

MARÍA.-Pablo vino hoy.

ALFREDO.- ¿Otra vez? Tiene algo entre manos. ¿Se ha propasado contigo alguna vez? ¡Si lo ha hecho le rompo la crisma! ¡Se las da de don Juan!

MARÍA.- No. Pero cuídate de él. Es un zorro y es muy peligroso.

ALFREDO.- Estoy de acuerdo contigo pero no hablemos de él. No vale la pena.

Alfredo comienza a besarla suavemente en el cuello y los hombros mientras le sigue hablando.

ALFREDO.- ¿Puedes tomarte unos días del trabajo de la Embajada antes de que empiecen las clases de nuevo?

MARÍA.- Le preguntaré a Vladimir, pero creo que sí. ¿Podríamos ir a la playa?

ALFREDO.- Desde luego. Una semana entera en la playa. Dormiremos hasta tarde y nos haremos el amor; nadamos un rato y nos hacemos el amor de nuevo. Montamos a caballo, cenamos algo exquisito, bailamos en la terraza bajo las estrellas, y nos amamos locamente, apasionadamente, hasta que no nos quede aliento, (sigue besándola mientras ella ríe) ¿No te gustaría pasar una semana así?

MARÍA.- ¡Me encanta la idea! ¡Te adoro, mi amor!

En la desierta playa, un atardecer radiante tiñe el horizonte de grana. Alfredo y María están nadando y jugueteando en el agua. Salen a la orilla y se tienden en la arena blanquísima. Él comienza a acariciarla y besarla.

Poco a poco los dos se van sintiendo excitados por el juego inicial y se entregan uno al otro apasionadamente.

Alfredo, su padre Raimundo, y su hermano Gerardo, conversan en voz baja mientras almuerzan en un restaurante.

RAIMUNDO.- He decidido renunciar.

GERARDO.- Estás actuando impulsivamente.

ALFREDO.- ¿Qué otra cosa puede hacer?

GERARDO.- ¡Ustedes dos se parecen tanto! ¿Esperaban que ésta fuera una Revolución sin sangre? ¿Algo grato y almibarado?

RAIMUNDO.- No. Pero la pena de muerte, es algo inhumano. Ni siquiera bajo Batista era legal. Mataban sin la sanción de la ley ¡Aplicársela a oponentes políticos, es una atrocidad!

ALFREDO.- Estoy de acuerdo contigo. Han ejecutado a más de 6,000 en los primeros seis meses. Los *Tribunales del Pueblo* son una farsa increíble.

GERARDO.- Todas las revoluciones cometen actos de violencia.

ALFREDO.- Yo acepté esa excusa por unos meses porque me mentía y no quería ver la tragedia, la estafa que es la Revolución por la que luché y maté.

GERARDO.- Óyeme, papá, los que renuncian a sus puestos son considerados traidores. ¡Mira lo que le pasó a Huber Matos!

ALFREDO.- ¿Cómo puedes apoyar este régimen, Gerardo?

GERARDO.- Porque no soy un idiota. Papá, Fidel va a abolir el Tribunal Supremo. Espera a que eso ocurra. Ahora uno tiene que fingir que no ve lo que está pasando.

ALFREDO.- ¿Como tú, Gerardo? Estas actuando como una puta.

RAIMUNDO.- ¡Alfredo!

ALFREDO.- ¿No te da vergüenza ser director de redacción de esa porquería que el gobierno llama periódico?

GERARDO.- No. No soy ni idealista ni un héroe como tú.

RAIMUNDO.- ¡Basta! Haré lo que sé que debo hacer. Como Magistrado del Tribunal Supremo no puedo sancionar esta farsa con mi silencio o mi presencia en el Tribunal.

✳

Una semana después, en una recepción de la Embajada de España en La Habana, los invitados están escuchando la interpretación exquisita de un Cuarteto de Cuerdas. Al terminar la pieza los asistentes aplauden entusiasmados.

Los presentes forman pequeños grupos y conversan entre sí. Raimundo y Amalia están entre el pequeño grupo de invitados.

Finalmente, éstos se despiden del Embajador y su esposa. Cuando el último de los invitados se marcha, quedan solos el Embajador, su esposa, Carmina, Raimundo y Amalia.

EMBAJADOR.- Raimundo, ¿estás seguro de que quieres renunciar a tu cargo y salir del país? Les espera una situación difícil como exiliados.

RAIMUNDO.- Lo sé. Es cuestión de principios, Paco. Te estamos muy agradecidos por darnos asilo político. Tenemos el equipaje en el coche.

EMBAJADOR.- Esto es terriblemente triste. Sus documentos y cartas de presentación están listos. Saldrán para Madrid mañana por la noche. Yo les acompañaré al aeropuerto.

CARMINA.- Yo también quiero ir a despedirles. Te daré una carta para mi hermana Isabel, Amalia. Es un encanto de persona.

✳

En la Facultad de Filosofía y Letras, unos 25 Profesores están reunidos esperando la llegada de la Decana. María está entre sus colegas miembros de la facultad. Se escuchan, en voz baja, fragmentos de conversación.

PROFESOR GODOY.- ...y dicen que van a presionarnos a definir nuestra postura.

PROFESORA RABASA.- Ayer renunciaron los decanos de Derecho y Arquitectura. Ya empezó la purga. La situación es muy difícil.

Gabriela, la Decana, de unos 50 años de edad, entra y se sienta.

GABRIELA.- Como Decana se me ha pedido que organice un comité que formulará las nuevas regulaciones.

PROFESORA EVA RABASA.- ¿Qué clase de regulaciones?

GABRIELA.- Promociones y destituciones de acuerdo con la conducta de cada profesor.

PROF. MARÍA DEL VALLE.- Eso elimina la permanencia de profesores sin tener en cuenta su capacidad como instructores. Nos reduce a "peones" políticos.

GABRIELA.- Si no estás de acuerdo, ¡renuncia!

PROFESOR GODOY.- La renuncia puede ser causa de encarcelamiento. Huber Matos renunció y le condenaron a 20 años de cárcel. Tú lo sabes.

GABRIELA.- ¡No te extralimites, Godoy! Vamos a modificar el curriculum. Responderá a las necesidades de la nueva Cuba.

PROFESOR BAQUERO.- ¿Cómo?

GABRIELA.- Educaremos a los estudiantes para que funcionen dentro de la Revolución.

PROF. MARÍA DEL VALLE.- Nos acusarán de endoctrinamiento.

GABRIELA.- ¡Estás hablando como tu suegro! Sus declaraciones al llegar a España fueron anti-revolucionarias.

PROF. MARÍA DEL VALLE.- Mi suegro siempre ha expresado abiertamente sus opiniones propias.

PROFESOR SÁNCHEZ.- Yo estoy de acuerdo con Gabriela. Debemos de hacer énfasis en las necesidades y postulados de la Revolución y en la manera de servirla.

GABRIELA.- Bueno. Tengo que irme. Recibirán un aviso acerca del próximo mitin. María, quiero hablar contigo.

El resto de los profesores se marcha en absoluto silencio.

GABRIELA.- ¿Estás con nosotros o en contra?

MARÍA.- *(con aplomo)* No entiendo tu pregunta.

GABRIELA.- Déjate de juegos conmigo.

MARÍA.- Creo que esas regulaciones nuevas le darán a muchos una excusa para poner el grito en el cielo.

GABRIELA.- Déjate de zorradas. ¡No trates de tomarme el pelo!

MARÍA.- No ha sido esa mi intención.

GABRIELA.- ¡Y no trates jamás de decirme cómo debo de hacer funcionar eficientemente mi Departamento!

Gabriela sale del salón dando un portazo.

En el hogar de Elena, la viuda de Juan, Alfredo, María y Elena están viendo un programa de noticias por televisión. Elena está muy angustiada y preocupada por lo que oye.

Sobre el piano hay un retrato de Juan y otros de las bodas de Juan y Elena y de sus hijos Juanín y Cristina.

REPORTERO DE TELEVISIÓN.- ...y el Gobierno Revolucionario ha ordenado que la mayoría de las compañías de aviación suspendan sus vuelos de Cuba al extranjero y viceversa y que cierren sus oficinas en territorio cubano.

Alfredo apaga el televisor.

ALFREDO.- ¿Lo ves, Elena? Los niños tienen que salir de Cuba inmediatamente.

MARÍA.- (dándole un sobre a Elena) Aquí tienes los pasajes y las visas *"waiver"* para los dos.

ELENA.- ¡Esto es terrible! ¡Son tan pequeños, tan indefensos!

ALFREDO.- Si no salen ahora, no podrán hacerlo mientras este Régimen esté en el poder. ¡Van a imponer la eliminación de la "Patria Potestad" y el gobierno los adoctrinará y regulará sus vidas sin tu permiso! Ya están hablando de organizarlos como *Pioneros del Régimen*, y no podrás negarte a que sean parte del programa y los envíen eventualmente a trabajar en las "granjas del pueblo."

ELENA.- Pero, ¿quién se ocupará de cuidarlos y mimarlos?

MARÍA.- Tú te reunirás con ellos. Entre tanto, *"Operación Pedro Pan"* se ocupa de colocar temporalmente a los niños y adolescentes refugiados cubanos en instituciones y en hogares privados. Estarán supervisados por las diferentes iglesias y templos en los Estados Unidos, hasta que sus padres puedan salir del país, reclamarlos y tenerlos de nuevo con ellos.

ALFREDO.- Las aerolíneas le están dando preferencia de asientos a niños y menores de 18 años como pasajeros para sacarlos del país antes de que la ley impida su éxodo.

MARÍA.- Cuando pase esta crisis, en unos meses, te conseguiré en la Embajada una visa a Méjico. De ahí viajarás a Miami y los reclamarás como su madre. No tenemos otra alternativa, Elena.

✳

En el Aeropuerto Internacional José Martí, en La Habana, un enorme salón de espera está lleno de niños y adolescentes. Los más pequeños del grupo llevan, colgada al cuello, una placa con su nombre.

El salón de espera, que el público llama con más desesperación que humor "la pecera," está separado del pasillo por una gruesa pared de cristal que aísla a los viajeros de sus familiares. Muchos de los niños lloran al no poder comunicarse ni tocar a sus padres.

Hay soldados y milicianos armados en el lobby principal, en los pasillos, y en el inmenso salón de espera atestado de niños y adolescentes.

Juanín y Cristina están de pie de un lado de la pared de cristal. Elena, María, Teresa y Alfredo, vestido de civil, están directamente en frente de ellos pero del otro lado del cristal que los separa.

Cristina pone su carita llorosa contra el cristal. Elena lo toca como si estuviera acariciándola. Teresa llora calladamente, profundamente conmovida.

EMPLEADO.- Llamada a todos los pasajeros en el Vuelo 1910 con destino a Miami. El avión está listo para ser abordado.

El miliciano encargado de la partida les hace formar una fila.

Cristina permanece junto al cristal renuente a alejarse de Elena y el resto de la familia. Juanín finalmente logra que lo siga y se unen a la fila de otros niños llorosos en camino hacia la pista.

Cuando los viajeros salen del salón los familiares, llorosos, permanecen inmersos en un silencio tenso. Sus rostros expresan una profunda tristeza y un vacío doloroso.

María y Elena se abrazan, mientras que Alfredo trata de consolar a Teresa. Finalmente el rugido de los motores del avión despegando rompe el silencio del salón de espera.

GUATEMALA

A miles de millas de distancia, en el campamento de Retalhuleu, rodeado de una naturaleza exuberante, una compañía de exiliados cubanos está entrenándose en Guatemala para combate, bajando y subiendo barrancos y quebradas en un terreno abrupto y hostil.

Allí muere la primera víctima de la brigada, Carlos Rafael Santana, llamado por sus amigos "Carlyle", al caer barranca abajo despeñándose desde una altura considerable, durante un ejercicio de entrenamiento. Tenía 22 años cuando murió. Su número de enlistamiento era el número 6. En su honor, sus compañeros nombran la Brigada 2506.

Los futuros brigadistas están siendo entrenados bajo la supervisión de un instructor americano vestido de civil. El instructor habla perfectamente español.

INSTRUCTOR.- ¡Rápido! ¡Más aprisa, aprisa! ¡Escalen la barranca! ¡Así! ¡Rápido! ¡Más rápido!

WASHINGTON

En Washington, el Presidente Kennedy llama por teléfono a Richard Bissell Jr., encargado de coordinar los planes de la invasión.

PRESIDENTE KENNEDY.- ¿Cuántos aviones participarán en el ataque contra la Fuerza Aérea de Castro, Bissell?

BISSELL.- Dieciséis "B-26", Señor Presidente.

PRESIDENTE KENNEDY.- Demasiados. Reduce el número de aviones a siete u ocho.

BISSELL.- Para destruirle la Fuerza Aérea tenemos que atacar las bases de Santiago, Camagüey, San Antonio, Columbia, y San Julián. Cinco bases en total.

PRESIDENTE KENNEDY.- Te repito que reduzcas el número de aviones.

BISSELL.- Como usted ordene, Señor Presidente. Pero debo de informarle que Castro tiene "Sea Furies" y "T-33" de combate, y que además de sus aviones de propulsión a chorro, sus "B-26" han sido reajustados y están en buenas condiciones. Los "B-26" que les damos a los invasores son bombarderos de la Segunda Guerra Mundial y han estado prácticamente fuera de circulación. Por naturaleza son lentos y pesados a la hora de confrontar los aviones de combate de Castro.

NICARAGUA

En Puerto Cabezas, Nicaragua, los aviadores cubanos que se habían entrenado para destruir la Fuerza Aérea Revolucionaria en Cuba, y para apoyar después a los invasores durante el desembarco y batallas, están reunidos en un mitin informativo escuchando el cambio ordenado por el Presidente Kennedy.

INSTRUCTOR.- Ha habido un cambio de estrategia. Sólo ocho aviones participarán en el ataque contra la FAR el primer día.

CRESPO.- ¿Por qué han reducido tan drásticamente el número de aviones? ¡Contábamos con 16!

RANGEL. - ¿Por qué no dejarnos sorprenderlos y destruir el mayor número de sus aviones en el primer ataque? ¡Esto es absurdo! ¡No tiene sentido!

INSTRUCTOR.- Son las órdenes que he recibido. Habrá otros ataques en diferentes días y durante el desembarco.

FERNÁNDEZ MON.- El primer ataque contra la FAR debe destruirles todos los aviones. Los ataques siguientes, deben bombardear puentes y carreteras alrededor del sitio de desembarco. Sería lo lógico.

INSTRUCTOR.- Estoy de acuerdo con ustedes pero tenemos que seguir las órdenes de Washington.

Los aviadores aceptan, por disciplina, la orden dada, pero están hondamente descorazonados y preocupados ante lo que consideran un ilógico cambio de táctica, que al reducir el número de aviones con que contaban, disminuirá el impacto del ataque, beneficiando al enemigo.

Unos días antes de la salida del campamento de Guatemala para Cuba, muere en otro accidente durante entrenamiento el brigadista Gustavo Cuervo-Rubio Fernández, hijo del Vice-Presidente Cuervo Rubio. ¿Cuántos murieron así, perdidos en la niebla de un país distante? No lo sé. Murieron inesperadamente, en plena juventud, con la ilusión de hacer algo noble por la Patria amada, y liberarla.

*

El 13 de abril, "Frank" el coronel del ejército de los Estados Unidos que es el Comandante Militar americano de la Base de entrenamiento de los invasores de la Brigada 2506 en Retalhuleu, Guatemala, y los tres líderes de la invasión de la Bahía de Cochinos, el Dr. Manuel Artime, como Jefe Civil, José San Román, un hombre dedicado y con experiencia militar, como jefe de la Brigada, y Erneido Oliva, que también ha tenido experiencia militar, como segundo jefe de la invasión, están reunidos en el mitin final, antes de que los brigadistas aborden los barcos de transporte a las costas de Cuba para iniciar la invasión.

SAN ROMÁN.- Frank, este es el Dr. Manuel Artime, Coordinador del MRR, el Movimiento de Recuperación Revolucionaria, y Jefe Civil de la invasión. Acaba de llegar al campamento. A Oliva ya lo conoces.

ARTIME.- ¿Cuándo partimos, Frank?

FRANK.- Esta noche.

ARTIME.- ¿Ya informaron al movimiento clandestino dentro de Cuba?

FRANK.- No. El elemento de sorpresa es crucial.

ARTIME.- (*asombrado*) Estoy de acuerdo con sorprender a Castro, ¿pero a los nuestros? ¿Cómo esperan ustedes que se nos unan si no saben cuándo y dónde vamos a desembarcar?

SAN ROMÁN.- ¡Necesitamos el apoyo del movimiento clandestino dentro de Cuba! Están decididos a luchar a favor nuestro, a volar puentes y tomar cuarteles, ¡pero necesitan saber del desembarco a tiempo!

FRANK.- Yo sigo las órdenes que me han dado. No se preocupen. ¡Tendrán el poderío aéreo y naval de los Estados Unidos de su parte!

ARTIME.- ¡No queremos que los americanos peleen por nosotros, pero confiamos en que tendremos los aviones y equipo pesado que nos prometieron!

FRANK.- Así será. Repito que tendrán apoyo aéreo durante el desembarco en la Bahía de Cochinos.

SAN ROMÁN.- ¿Cochinos? ¿Por qué en Cochinos? ¡Es un sitio terrible! ¡El peor que pudieran haber escogido! ¡Un pantano!

OLIVA.- ¡La costa está llena de arrecifes! ¡No es un lugar apropiado para un desembarco anfibio!

FRANK.- Bisssell está a cargo de "Operación Pluto." Él escogió ése como el lugar de desembarco.

OLIVA.-¡Probablemente lo escogió viendo la Bahía en un mapa! *Nadie* nos pidió nuestra opinión, lo cual es inaudito. Si ese Bissell conociera el terreno, no lo habría escogido.

NICARAGUA

ABRIL 14 DE 1961

Los miembros de la Brigada 2506 se hacen a la mar, zarpando de Puerto Cabezas, en Nicaragua, en unos barcos de carga, viejos y herrumbrosos y sin protección aérea. Las condiciones de los barcos son deplorables. Los Brigadistas se sienten descorazonados. Sin embargo, están dispuestos a hacer la travesía sea como sea, desembarcar en Cuba, y rescatarla de manos de Castro.

NICARAGUA

ABRIL 15

Aún de noche, los "B-26" piloteados por aviadores cubanos despegan de la base aérea de Puerto Cabezas. Su misión es atacar las bases aéreas de Santiago, La Habana y San Antonio.

LA HABANA

ABRIL 15

Muy de mañana en la Habana, María y Alfredo están aún dormidos en su alcoba. Un reloj en el comedor da las 6:00. Repentinamente el mismo cielo parece explotar encima de la casa despertándolos.

Alfredo salta de la cama y tomándola de la mano la arrastra hasta el pasillo interior, lejos de las ventanas.

El ruido es ensordecedor. Alfredo se tiende sobre el cuerpo de María, en el suelo, en un intento de protegerla de alguna ráfaga de metralla o vidrio de las ventanas rotas por las explosiones que se prolongan interminables.

ALFREDO.- *(gritando a voz en cuello)* ¡Un ataque aéreo! ¡Están atacando la fuerza aérea de Castro en Columbia!

El ataque aéreo sorpresivo del 15 de abril de 1961 en La Habana dura unos minutos que parecen una eternidad. El tremendo estallido de las explosiones de los polvorines del cercano Campamento Militar de Columbia, impide que se hablen.

Inesperadamente, el ruido cesa y un silencio mortal les rodea tan súbitamente como comenzara.

MARÍA.- ¿Crees que la invasión ha empezado?

ALFREDO.- El plan era que nuestros pilotos destruirían primero la Fuerza Aérea de Castro. Pero algo no está de acuerdo con el plan.

MARÍA.- ¿Que estás pensando?

ALFREDO.- La CIA tenía que avisarnos del ataque aéreo y del lugar del desembarco con anticipación.

MARÍA.- Es cierto.

ALFREDO.- La rama de Inteligencia y la Militar del Movimiento tenían que saber el momento exacto del primer ataque contra la *FAR* y el sitio o sitios de desembarco para coordinar el levantamiento nuestro en la Isla.

MARÍA.- Estoy aturdida, no pienso claramente, pero tienes razón. Manolín no ha tenido noticias de la *CIA* tampoco.

ALFREDO.- (furioso) ¿Si no sabemos cuándo o dónde desembarcarán, ¿cómo rayos vamos a operar simultáneamente con los invasores? ¿Cómo vamos a volar puentes y abrir diferentes frentes de lucha contra las fuerzas de Castro? ¡Es absurdo! ¡Es estúpido militarmente!

Suena el teléfono. Alfredo contesta mientras María corre a tomar la extensión en la sala.

ALFREDO.- Aló.

PABLO.- Es Pablo. Fidel quiere que vueles a Camagüey y te encargues de las operaciones militares allí. Esperamos desembarcos en varios sitios de la Isla. Uno en Oriente comandado por Nino Díaz. Los estamos esperando allí y si desembarcan no quedará uno vivo.

ALFREDO.- ¿Sabemos cuándo y dónde será el principal desembarco?

PABLO.- En cualquier momento. Nuestras fuentes informan que el mayor desembarco lo harán en la Bahía de Cochinos.

ALFREDO.- ¿Hemos perdido muchos aviones?

PABLO.- Bastantes. Pero tenemos aún los "Sea-Furies" "T-33" y algunos "B-26" intactos y listos para despegar. Llámame de Camagüey.

ALFREDO.- (colgando el auricular) ¡No puedo creer esto! ¡La Bahía de Cochinos! ¡El peor lugar para un desembarco! Los arrecifes del fondo van a impedir que traigan a los hombres cerca de la playa. ¡Qué imbécil habrá escogido ese sitio!

El ataque aéreo del 15 de abril, llevado a cabo por los pilotos de la Brigada 2506, a pesar del limitado número de aviones envueltos en el bombardeo, destruye dos "T-33," un "Sea-Fury", cuatro "B-26," dos transportes "C-57," un "P-47," un "Catalina," y un "P-51." Ha sido un éxito. Además, al pasar sobre la Isla de Pinos, bombardean y hunden el cañonero "Baire."

A Castro le quedan aún, intocados, seis aviones caza, Migs y dos bombarderos que de acuerdo con los planes existentes, están designados para ser destruidos al atardecer del día 15 y en la madrugada del 16, para completar así la misión crucial de la destrucción de la flota aérea castrista, antes del desembarco de la Brigada 2506.

En La Habana, unas horas después, del ataque aéreo, un enorme estadio está lleno en toda su capacidad por hombres y mujeres que permanecen de pie en el campo deportivo o están sentados en las gradas del mismo. El sol y el calor son abrasadores.

El Capitán Figueres se dirige a los detenidos por un micrófono.

CAPITÁN FIGUERES.- ¡La Nación está en pié de guerra! Permanecerán detenidos hasta que pase el peligro de la invasión. ¡Sea quien fuere, el que cause problemas, será juzgado traidor y fusilado!

HOMBRE.- Estoy enfermo. Soy diabético.

CAPITÁN FIGUERES.- ¡Cállese! Hay cientos de miles de detenidos en toda la Isla, y van a haber más, para prevenir que se unan a los invasores enemigos. ¡Los consideramos a todos ustedes un riesgo a la seguridad del país!

En la inmensa sala del antiguo teatro Blanquita los balcones y platea del mismo están repletos de detenidos. Una mujer se ha desmayado y un médico trata de hacerla volver en sí.

DOCTOR.- Soy médico. ¡Esta mujer necesita atención médica!

MILICIANO.- Estamos en guerra. Si se muere, no será la única que muera.

WASHINGTON

ABRIL 15

Esa tarde, 15 de abril, en La Casa Blanca, el Presidente Kennedy y su hermano Robert, hablan en la Oficina Ovalada.

PRESIDENT KENNEDY.- Khrushchev lo ha dicho. Si apoyamos la invasión, los rusos atacarán el Berlín Occidental.

ROBERT KENNEDY.- ¡Está blofeando! Khruschev está tratando de ver cuán lejos puede llegar contigo con esas amenazas. Sabe que eres nuevo en el cargo. Sin apoyo aéreo la invasión fracasará. ¡Eso es lo que Nikita quiere!

PRESIDENTE KENNEDY.- ¡Yo no puedo arriesgar nuestras relaciones con Rusia por salvar 1,500 o 2,000 hombres! Además, si intervenimos, ello impedirá el acuerdo que tenemos pendiente con Khrushchev sobre Laos.

ROBERT KENNEDY.- Por otra parte, Cuba está a sólo 90 millas de nosotros, John! ¡Su influencia en Latinoamérica es enorme! Khruschev aúlla, pero no creo que llevará a cabo sus amenazas. Es un lobo viejo. El plan de Eisenhower era atacar tres días consecutivos en la madrugada y al atardecer.

PRESIDENTE KENNEDY.- ¡Pero siento a Khrushchev respirándome en la nuca! Voy a cancelar el ataque aéreo de esta noche y los dos de mañana.

ROBERT KENNEDY.- Tal vez tengas razón. Quizás no vale la pena que arriesgues la furia de Krushchev. ¡Cancela los vuelos y que pase lo que pase!

Dice la leyenda que en los bosques del antiguo reino de Gales, en los alrededores de lo que un día fue el reino de Camelot, el Rey Arturo, lloró de desencanto.

＊

NEW YORK

En New York, el Consejo de Seguridad de las Naciones Unidas está reunido en una sesión especial. Adlai Stevenson, Embajador de los Estados Unidos ante las Naciones Unidas, está dirigiéndole la palabra a los miembros del Consejo.

EMBAJADOR ADLAI STEVENSON.- El Presidente Kennedy me ha autorizado a asegurarles que los Estados Unidos no intervendrán en los asuntos de Cuba, ni apoyará una invasión al territorio cubano.

✳

WASHINGTON

En Washington, en el despacho del Ministro de Estado, Dean Rusk, éste está hablando con Richard Bissell, alto funcionario de la CIA, y principal director de la invasión de Bahía de Cochinos.

MINISTRO DE ESTADO DEAN RUSK.- (frío, indiferente) Bissell, el Presidente Kennedy ha ordenado suspender el apoyo aéreo a los invasores. Informe a sus agentes de la CIA en Guatemala y Nicaragua.

BISSELL.- Señor Ministro, si los invasores no tienen acceso a esos aviones, la invasión fracasará. Repintamos nuestros aviones y se les borraron las identificaciones. ¡Vuelan como parte de la Brigada con las insignias de ésta! Castro no los reconocerá.

MINISTRO DE ESTADO DEAN RUSK.- Trate de convencer al Presidente Kennedy de que los pilotos cubanos vuelvan a usar nuestros aviones el domingo y durante el desembarco del lunes. No cuente conmigo.

BISSELL.- Él no me escuchará a mí. ¡Esto va a ser un verdadero desastre!

✳

CAMAGÜEY

Entre tanto, en Cuba, en su oficina provisional en el campamento militar de la ciudad de Camagüey, Alfredo está presidiendo un mitin con cinco oficiales del Ejército Rebelde Revolucionario.

ALFREDO.- ¿Puedo contar con ustedes? Necesitamos apoyar a los invasores y unirnos a ellos en la lucha como habíamos acordado. Si yo tuviera tropas a mi mando--

CAPITÁN BLANCO.- Yo pondré mis tropas bajo tu mando, pero únicamente si le destruyen el resto de los aviones a Fidel y los invasores tienen apoyo aéreo durante el desembarco y el resto de la lucha como nos prometieron. Sin ellos la invasión fracasará.

✳

ABRIL 17 DE 1961

COSTA SUR DE CUBA

Los Brigadistas están en la cubierta del Blagar, el Houston, el Río Escondido, el Atlántico, y el Caribe, muy cerca de la costa de Cuba. Son en su mayoría jóvenes y hombres maduros idealistas, que aspiran a rescatar a Cuba del régimen comunista de Castro y están dispuestos a morir por sus principios.

Están rodeados de enormes tanques de gasolina, cajas de dinamita y municiones que explotarán al menor impacto de fuego del enemigo.

Los buques son viejos, están herrumbrosos, y malamente preparados para el combate si son atacados por los aviones de Castro. Son en su mayoría buques de transporte de productos agrícolas de la América Central. Carecen de condiciones sanitarias aceptables pues no tienen suficientes inodoros o duchas para tantos hombres como cargan, ni cocina apropiada para alimentar a una tropa de combatientes.

Artime, San Román, Oliva y Alejandro del Valle, están en la cubierta del Blagar, anclado a unas 2,000 yardas de la costa, hablando en un susurro, frente a la Isla. Es una noche sin luna.

Se han reunido para intercambiar ideas de último minuto sin usar el radio. Oliva y Alejandro, han viajado con sus tropas hasta Bahía de Cochinos en el Houston.

SAN ROMÁN.- Ni la CIA ni Kennedy saben planear una guerra. Esto no tiene nada que ver con los planes iniciales del Presidente Eisenhower. ¡Estos son barcos de carga que hace una semana transportaban plátanos y aguacates! Pueden hundirse o explotar en cualquier momento. De seguro no pondrían a sus *Marines* en esta chatarra.

OLIVA.- Las "lanchas de desembarco" son otro desastre. ¡Lanchas de aluminio o "fiberglass" que los arrecifes van a destripar!

SAN ROMÁN.- ¡Una operación anfibia, en un pantano rodeado de arrecifes, y a media noche! ¿Quién será el imbécil que planeó esto?

ALEJANDRO DEL VALLE.- ¡El mismo genio que decidió quitarles las ametralladoras de la cola a los B-26, para aliviarles el peso y transportar combustible, aunque fueran más vulnerables!

OLIVA.- Frank dice que así tendrán más gasolina para volar de ida y vuelta a Nicaragua, en vez de usar el porta-aviones que tienen a unas pocas millas de aquí mismo. ¡Increíble!

ALEJANDRO DEL VALLE.- Me tengo que ir. Me están esperando en el *Houston*, para seguir a Playa Larga. ¡Buena suerte!

En la cubierta de sus respectivos transportes, en absoluto, silencio, los brigadistas, vistiendo uniformes de camuflage, están listos a descender por las redes de desembarco para abordar las lanchas que los llevarán a las dos playas de la Bahía de Cochinos escogidas para el desembarco.

A prudente distancia está un porta-aviones norteamericano rodeado de una poderosa escolta de cruceros y destróyeres, bajo el mando del almirante Burke.

SAN ROMÁN.- Según "Frank" tendremos el poderío aéreo y naval de los Estados Unidos apoyándonos.

A las 11:00 de la noche cinco hombres rana cubanos descienden del Blagar a dos balsas. Su misión es colocar luces blancas y rojas para indicar el área de desembarco en Playa Girón a los brigadistas que llegarán a tierra en medio de la noche.

El terreno de la playa es rocoso e inhóspito, no el arenal que presumiera Bizell.

Playa Girón no está desierta como anticiparan los expertos americanos de la CIA. Los hombres rana son descubiertos por unos milicianos que patrullaban la costa, y dan la alarma después de huir al haber sido atacados por los hombres-rana.

El elemento sorpresa, razón dada por la CIA para ordenar el desembarco de noche, y no informar a los grupos clandestinos dentro de Cuba, se ha perdido. En ningún momento en el pasado las tropas americanas desembarcaron en medio de la noche durante la Segunda Guerra Mundial en un terreno pantanoso.

La lucha, aunque en menor escala, ha comenzado en territorio cubano.

San Román decide anticipar su desembarco acompañado de su ayudante, dos técnicos de radio y un número de brigadistas, para encargarse de la situación, dirigir las operaciones y establecer una cabeza de playa en Playa Girón.

La lancha de San Román es descubierta por uno de los reflectores que desde la costa iluminan ahora las aguas y la hacen blanco de

139

su fuego cerrado. San Román y sus hombres se arrojan al agua con sus armas y finalmente salen a la playa a media milla de donde se dirigían, evadiendo así los reflectores.

*

Los brigadistas comienzan el transporte de la infantería y equipo a la costa.

Una serie de desastres interfiere con el desembarco de los diferentes batallones de infantería, y a causa de los arrecifes las lanchas no pueden acercarse a la costa, dejándolos en aguas de más de ocho pies de profundidad.

Los Brigadistas nadan cargando el peso de sus armas, y cajas de municiones sin la protección de los prometidos aviones de la Brigada durante el desembarco, como indicaba el plan original, al haber sido cancelados los vuelos por el Presidente Kennedy, dejándole a Castro su moderna y rápida fuerza aérea casi intacta, y a los brigadistas, expuestos al descubierto durante el desembarco.

Los motores de las lanchas, inadecuados para cargar tanto lastre de hombres y equipo pesado, dejan de funcionar en medio de la Bahía dejándolos al garete.

Los tripulantes luchan por volverlos a echar a andar. Algunos lo logran. Los que siguen descompuestos son remolcados por los compañeros de otras lanchas vecinas.

Los arrecifes rompen varias hélices y el fondo de las lanchas que tratan de acercarse a la costa. Varias se hunden forzando a los supervivientes a nadar en las aguas picadas de la Bahía hacia la costa distante.

Otros pilotos de las lanchas, para evitar los arrecifes, dejan a sus tripulantes muy lejos de la costa a la cual llegan nadando. Varios se ahogan en su desesperado intento.

San Román, Oliva y Alejandro del Valle, están al frente de sus respectivas tropas en el campo de batalla de dos playones de la Bahía, cuando Oliva intercepta el mensaje enviado por el operador al cuartel de Fidel Castro.

OPERADOR DE RADIO CASTRISTA.- "¡Atención!" ¡Bahía de Cochinos! ¡Bahía de Cochinos! La invasión ha comenzado por Playa Girón y Playa Larga!

Tres "SEA-FURIES" y tres T-33s aparecen en el cielo. Las letras, FAR, y la bandera cubana del fuselage les identifican como parte de la Fuerza Aérea Revolucionaria de Castro.

Los seis aviones atacan los buques de transporte "Houston," y "Río Escondido", que permanecían a una distancia de la costa, hundiéndolos con los tanques, municiones, equipos de hospital, gasolina, cargamentos de artillería y de equipo pesado, además del trailer conteniendo el equipo de radio y comunicaciones de la Brigada.

En tierra, la batalla se intensifica. Un pelotón de brigadistas arroja una lluvia de granadas a unos camiones repletos de soldados castristas que se acercan a la playa, volándolos y matando un gran número de combatientes.

En Playa Larga, el equipo pesado destinado a Alejandro del Valle y sus paracaidistas, cayó en los pantanos de la Ciénaga de Zapata al oeste de la Bahía de Cochinos, perdiéndose. De ahí en adelante la suerte de la Brigada 2506 está condenada al fracaso, a pesar de actos heroicos por parte de los brigadistas.

ABRIL 18

Un atardecer espléndido tiñe el cielo de una intensa mezcla de naranja y oro mientras un sol deslumbrante comienza a precipitarse en *el horizonte.*

En la cabina de un avión de la fuerza aérea castrista, Alfredo está volando con Emilio, un piloto cubano anticastrista de la Base Aérea de Camagüey. Desde el avión ven una columna de camiones de transporte cargados de artillería pesada y tanques dirigiéndose en dirección al sitio de la batalla en la Bahía de Cochinos.

ALFREDO.- ¡Ahí están, Emilio! ¡Después de bombardearlos aléjate volando hacia el sol para cegarlos! Yo me encargo de la artillería.

EMILIO.- ¿Si nos preguntan en la Base a dónde fuimos?

ALFREDO.- Diré que yo quise volar sobre la costa norte para reconocer la costa por si tenían otro desembarco además del de Bahía de Cochinos en el sur.

Emilio vuela sobre la columna castrista, y arroja varias bombas mientras Alfredo se encarga de la artillería.

Dejan tras ellos el convoy totalmente destruido y vuelan hacia el sol relumbrante de un atardecer tropical.

Los artilleros que quedan vivos en el convoy hecho trizas tratan de derribar el avión sin resultado.

Esa noche, en el despacho de Alfredo en el Cuartel Militar de Camagüey, suena el teléfono. Es Fidel Castro.

FIDEL.- ¿Han reportado algún avión de los nuestros perdido?

ALFREDO.- No. ¿Por qué?

FIDEL.- Una columna de tanques y artillería fue destruida por un avión que voló del noreste. Puede que fuera un piloto nuestro. Tuvimos muchos muertos.

ALFREDO.- ¿Qué clase de avión era?

FIDEL.- Los que sobrevivieron el ataque no pudieron ver las insignias. Creyeron que era un B-26 de los nuestros y que venía para protegerlos.

ALFREDO.- Veré si falta un avión o un piloto. ¿A qué hora fue?

FIDEL.- A eso de las 6 de la tarde. Pasó muy rápido. Si averiguas quien fue, ¡fusila al hijo de puta!

ALFREDO.- Sí. Se lo merece. ¿Cómo va la cosa?

FIDEL.- Hoy en Playa Larga tuvimos más de 900 muertos. Pero tenemos muchos hombres. Los invasores son un puñado; unos 1500 según un periódico americano.

WASHINGTON

ABRIL 18

LA CASA BLANCA

Noche. Recepción de gala para presentar a los miembros del Congreso los nuevos ministros del Gabinete.

En la Oficina Ovalada están esperando al Presidente Kennedy, Richard Bissell, del CIA; el Secretario del Departamento de Estado, Dean Rusk; el de Defensa, McNamara; el Jefe del Estado

Mayor, general Lemnitzer, y el Jefe de Operaciones Navales, almirante Arleigh Burke.

PRESIDENTE KENNEDY.- Discúlpenme, señores. No pude salir antes de la recepción. ¿Cuál es la situación, Bissell?

BISSELL.- Los aviones *Sabre F-86* están listos para despegar mañana del porta-aviones *Essex,* para proteger de los aviones castristas a chorro, los *B-26* que volarán los pilotos de la Brigada. ¡El almirante Burke está totalmente de acuerdo conmigo!

McNAMARA.- Yo no.

DEAN RUSK.- Yo tampoco.

BISSELL.- De no tener el apoyo de los *Sabres*, los *B-26* seguirán cayendo como moscas. Si desea salvar la Brigada necesitan la cobertura de los *Sabres,* mientras los *B-26* bombardean los tanques, anti aéreas y artillería pesada de Castro. Necesitan también un contingente de Infantería de Marina, porque no pueden competir con el enorme número de las tropas de Castro, que están perfectamente equipadas. Estamos hablando de miles y miles de tropas Castristas contra más o menos 1500 Brigadistas!

KENNEDY.- No quiero envolver nuestras tropas, Bissell.

BISSELL.- Si no les apoyamos, la invasión fracasará. Los pilotos y navegantes de la Brigada están luchando bravamente al igual que las tropas de infantería. No debemos abandonarlos, Sr. Presidente. ¡Han perdido ya seis o siete B-26 en la batalla!

RUSK.- Yo no creo que debamos usar nuestros *Sabres,* ni el contingente de infantería que quiere Bissell. Crearía problemas internacionales y nos acusarían, con razón, de intervenir en los asuntos de otros países.

McNAMARA.- El verdadero interés de Bissell es salvar su reputación y la de la CIA.

KENNEDY.- Les daremos una escuadrilla de *Sabres,* sin marcas que los identifiquen, para que protejan los B-26. Rusk y McNamara, nosotros tenemos que regresar a la recepción. (*al resto*) Buenas noches, señores.

NICARAGUA

ABRIL 19

Horas antes del amanecer del día 19. Aeropuerto militar, "Happy Valley." Sesión de información. Hay unos veinte hombres en el salón entre instructores y combatientes.

Los pilotos cubanos lucen exhaustos después de haber volado diariamente misiones de combate desde Nicaragua a Cochinos y regresar a la base de Nicaragua, dormir dos o tres horas, y volver a Cochinos en los B-26. Los instructores están presentes.

INSTRUCTOR AMERICANO.- Sus instructores, Shamburger, Gray, Ray, Baker, Gordon, McGee, Shannon, Sudano and Goodwin se han ofrecido a volar sus *B-26*, en lugar de la flotilla asignada a Cochinos hoy. Acompañarán en esta misión a Gonzalo Herrera y Ponzoa. Comprendemos que están exhaustos y necesitan un día para reponerse y volar mañana de nuevo. Manuel Navarro volará un C-46 con ellos, pero aterrizará en Playa Girón para desembarcar pertrechos para la tropa. Ayer se les unieron Doug Price y Connie Seigrith.

Los pilotos cubanos y sus navegantes, agradecidos y conmovidos, se ponen de pie y aplauden a sus instructores.

EDUARDO FERRER, JEFE DEL ESCUADRÓN DE TRANS-PORTE.- ¡Eso es tener coraje! ¡Ellos saben mejor que nadie que van a volar los B-26 que hemos estado volando nosotros contra aviones a chorro, veloces y modernos! ¡Tienen mi respeto y admiración por su integridad, y sentido del honor, señores!

INSTRUCTOR.- Una escuadrilla de *Sabres F-86* se les unirá allá, y protegerá los *B-26,* manteniéndolos a salvo de los *Furies y T-33s,* para que puedan cumplir su misión de destruir la artillería y tanques de Castro. Los *Sabres* están a unas pocas millas de la costa en el porta-aviones Essex. ¡Buena suerte!

El instructor sale del salón y los pilotos se quedan por unos minutos expresando su frustración.

HERRERA.-(*a otro piloto de su escuadrilla*) Ya era hora de que nos respaldaran con los *Sabres!* Hemos perdido ocho bombarderos por falta de apoyo.

PONZOA.- Si Kennedy nos hubiera dejado destruir los aviones de la FAR al principio--

NAVARRO.-...y si nos hubieran apoyado después durante el desembarco como nos prometieron, habríamos acabado con Castro sin que costara tantas vidas.

PONZOA.- Me pregunto cómo va a ser recordada y juzgada esta guerra.

HERRERA.- Depende de quien la escriba y qué fuentes use. Hay mitos que sobreviven la verdad.

PONZOA.- Encontrarán todo tipo de excusas para los responsables de este desastre.

RAY.- ¡Esto no se ha acabado todavía, señores! Mañana será un nuevo día. ¡Los *Sabres* que tendremos cambiarán el escenario!

BAHÍA DE COCHINOS

ABRIL 19

En la playa, la batalla entre los combatientes de la Brigada liberadora y las tropas de Castro ha comenzado de nuevo al amanecer.

En el cielo aparecen nueve aviones de la FAR, la Fuerza Aérea Revolucionaria.

Al mismo tiempo, los seis instructores americanos junto a los dos cubanos confrontan con sus B-26, los T-33s, Sea Furies y B-26 reformados de la FAR, mientras Manuel Navarro continúa en su C-46 a cumplir su misión de aterrizar en Playa Girón y desembarcar sus pertrechos.

Inmediatamente se entabla una lucha feroz entre los dos bandos.

Shamburger derriba dos de los B-26s de Castro.

Un Sea-Fury castrista traba combate con McGee en su B-26. Ambos pilotos luchan con enorme coraje. Shamburger y su navegante Gray, viendo que el avión de McGee ha sido seriamente dañado y que comienza a perder altitud, vienen al rescate de McGee entrando en el combate con el Sea-Fury y alejándolo de McGee.

McGee, imposibilitado de seguir luchando, vuela al cercano porta-aviones Essex.

Un T-33 ametralla el avión de Vianello. El avión comienza a descender rápidamente envuelto en llamas. Vianello lo vuela en dirección a una línea de cañones de artillería pesada castrista en el campo de batalla. El avión explota al caer, matando o hiriendo mortalmente a gran número de artilleros y destruyendo alguna de su artillería pesada.

Otro T-33 concentra su fuego en el lento B-26 de Shamburger. La lucha entre los dos es muy desigual y el de Shamburger es derribado cerca de la costa por el rápido y moderno T-33.

Un Fury traba combate con uno de los pilotos de la Brigada y lo ametralla haciéndolo descender envuelto en llamas. El piloto, sin vacilar, dirige su avión y lo estrella sobre un convoy que transportaba tropas y equipo pesado de guerra, que se acercaba al campo de batalla con refuerzos. El piloto muere causando enormes pérdidas al enemigo.

Los Sabres prometidos por Kennedy nunca aparecieron en el campo de batalla para apoyar a los pilotos de la Brigada, aunque estaban en el porta-aviones Essex a unas pocas millas —minutos— de la batalla.

Herrera logra cumplir su misión y regresa finalmente a Nicaragua. El saldo del combate ha sido trágico para la Brigada

Mientras tanto, el capitán brigadista Manuel Navarro aterriza en su lento C-46 en Playa Girón y descarga las municiones y pertrechos que lleva. Increíblemente, logra rescatar entonces al capitán Matías Farías, cuyo avión yace rodeado de maleza después de estrellarse. Navarro salva así a Farías de una muerte segura por fusilamiento a manos de las tropas castristas, ya que su B-26, había sido camuflageado, como muchos de los aviones que el gobierno, por medio de la CIA, facilitó a los pilotos de la Brigada, en violación de la Convención de Ginebra con respecto a las leyes de guerra.

*

El capitán Thomas Ray y su co-piloto Leo Baker, vuelan sobre el puesto de mando de Fidel Castro en el cercano Central Australia, con la intención de bombardearlo. Su B-26 es alcanzado por las anti-aéreas castristas y tienen que realizar un aterrizaje forzoso. Ray y su co-piloto Baker son capturados vivos y fusilados por orden de Fidel Castro.

*

LA HABANA

ABRIL 19 DE 1961

En La Habana un pelotón de fusilamiento castrista ejecuta en la fortaleza prisión La Cabaña a Rogelio González Corzo, "Francisco," Coordinador Nacional del poderoso Movimiento de Recuperación Revolucionaria (MRR) y Coordinador Militar del Frente Revolucionario Democrático, organización que reunía los más importantes movimientos clandestinos que luchaban por liberar a Cuba del régimen de Castro.

*

ABRIL 20

Al amanecer del día 20 de abril, docenas de auras tiñosas, las horribles aves de rapiña de rojizas cabezas pelonas,   circulan el área mientras otras, ya en tierra, están devorando los cadáveres de las bajas de ambos grupos de combatientes.

Durante la noche, tres compañías de tanques y artillería pesada, incluyendo cañones y morteros bajo el comando del Ejército Castrista, más nueve batallones de infantería, han rodeado a los Invasores.

Un silencio inquietante se cierne sobre el campo de batalla.

SAN ROMÁN.- Nos queda muy poco parque, pero pelearemos hasta que se nos acabe. Cuando eso ocurra trataremos de internarnos en los pantanos de la ciénaga. ¡El agente de la CIA sigue diciéndome por radio desde el *Blagar* que la ayuda está en camino; que resistamos!

OLIVA.- ¡Nos han traicionado! Además, si hubieran seguido el plan "Trinidad" de desembarcar en Casilda, podríamos haber tratado de llegar a las montañas del Escambray y entablar una guerra de guerrillas desde allí.

SAN ROMÁN.- La última vez que hablé con los de la CIA, les expliqué la situación en que estamos. Les pedí refuerzos y armamentos. Me ofrecieron evacuarnos.

*OLIVA.-*Increíble.

SAN ROMÁN.- Les dije que no vinimos para que nos evacuaran sino para liberar a Cuba y que Kennedy nos abandonó en medio de un pantano.

San Román da la señal de abrir fuego. La respuesta del enemigo es aplastante. Cada pieza de artillería abre fuego mientras que el fuego de sus aviones a chorro, sus bombarderos, tanques y miles de soldados y milicianos comienzan a estrechar el cerco que rodea a los sitiados brigadistas carentes de armamentos.

VENEZUELA

El 21 de abril, En Caracas, Venezuela, el reportero que da las noticias internacionales esa noche da detalles de la situación en Cuba.

REPORTERO.- "De acuerdo con nuestras fuentes, unos 500,000 cubanos de la población civil bajo sospechas de conspirar contra Castro permanecen detenidos en, estadios, teatros, hogares de los que han salido del país con destino al exilio, escuelas y estaciones de la policía secreta o G2.

1,180 brigadistas son ahora prisioneros de Castro después de una lucha que comenzó el 15 de abril con el único ataque aéreo contra los aeropuertos militares castristas, culminó con el desembarco en Playa Girón, Bahía de Cochinos, el 17, y terminó el 21, al acabárseles las municiones y no recibir pertrechos ni apoyo aéreo.

101 miembros de la Brigada 2506 murieron en combate y otros diez prisioneros de guerra murieron asfixiados, mientras 149 hombres eran trasladados, de pie, en un camión de transporte herméticamente cerrado, durante un viaje de ocho horas, de Cochinos a La Habana. Diez pilotos y navegantes cubanos de la Brigada, y cuatro pilotos americanos voluntarios murieron en combate.

Algunos Brigadistas que lograron escapar nadando, fueron devorados por los tiburones mar adentro mientras trataban de ser salvados por algún barco en ruta; otros perecieron al refugiarse en cayos carentes de agua potable o comida.

Un grupo de 22 combatientes, al ver que la misión había fracasado, se apoderaron del velero "Celia" el 19 de abril sin tener a bordo agua ni alimentos. Cuando los rescató el petrolero "Atlantic Seaman" 25 días después, el 14 de mayo, sólo quedaban vivos 12 de ellos tras su trágica odisea. Entre los muertos estaba, Alejandro del Valle que comandaba los paracaidistas.

LA HABANA

Dos meses después, en su despacho de La Habana, Alfredo está sentado a su escritorio. Con él están el Comandante Jorge Ramos, de la raza negra, y el Capitán Luis Salinas, hablando en voz baja.

ALFREDO.- El fracaso de la invasión ha diezmado el Movimiento clandestino contra Castro. Hay miles de prisioneros en las cárceles. Tenemos que matarlo.

COMANDANTE RAMOS.- Es muy difícil. Tú lo sabes. Otros han tratado y los han fusilado.

ALFREDO.- Tenemos que deshacernos de él, Ramos. El plan que acabo de explicarles es bueno. Y si lo del jeep falla, yo lo haré.

COMANDANTE RAMOS.- ¡Si lo haces te matan ahí mismo!

ALFREDO.- Yo lo ayudé a llegar donde está. Yo tengo que ponerle fin a su régimen.

CAPITÁN SALINAS.- ¿Estás seguro de que usará el jeep?

ALFREDO.- Sí. La pista de aterrizaje del campamento nuevo no está terminada.

COMANDANTE RAMOS.- ¿Cuál sería nuestro papel en esto?

ALFREDO.- Apoyar al Comandante Vargas aquí en La Habana. Él se encargará de las Fuerzas Armadas.

CAPITÁN SALINAS.- ¿Quién será el nuevo Primer Ministro?

ALFREDO.- Un hombre honorable. Es miembro del Gabinete actual. Tiene el respeto de otros ministros y de gran parte del ejército Rebelde.

CAPITÁN SALINAS.- ¿Y qué de Raúl?

ALFREDO.- Tú, que eres parte de su destacamento militar puedes arrestarlo. ¿Cuento contigo?

CAPITÁN SALINAS.- ¡Absolutamente! Estoy contigo.

ALFREDO.- Magnífico entonces.

Alfredo se levanta y abre una puerta lateral de su despacho. Un hombre alto y delgado, en uniforme de comandante, entra. Ramos y Salinas se ponen de pie agradablemente sorprendidos y le saludan militarmente.

ALFREDO.- El Comandante Sorí Marín, Ministro de Agricultura. Él será *nuestro Primer Ministro hasta que tengamos elecciones.*

COMANDANTE RAMOS.- ¡Es un gran honor conocerle, Comandante!

Los cuatro hombres se dan la mano sellando su pacto.

Un mes después, Alfredo está sentado a su escritorio escribiendo una carta.
        "Amor de mi vida*:*

        Lo que ocurra mañana, no sucederá sin un costoso precio. Estoy dispuesto a pagarlo. Tú comprenderás por qué no pude decírtelo antes de partir. Te quiero con toda el alma.

                                        Alfredo"

*

PROVINCIA de ORIENTE

Al día siguiente, en un paraje desierto y remoto rodeado de una espesa naturaleza tropical, un avión aterriza en la pista de aviación recientemente construida.

Fidel Castro, con un grupo de sus oficiales, los Comandantes Tavira, Romano, Salazar y Alfredo, desciende de un avión y se acerca a la fila de jeeps que les espera en la pista. Los guarda espaldas de Castro los rodean.

Fidel está de buen humor. Les siguen unos cuantos periodistas y reporteros de América Latina.

El Teniente Torres, está entre los que esperaban por el avión. Sigue usando su característico parche negro sobre un ojo.

FIDEL.- ¿Cuál es mi jeep, Torres?

TORRES.- El cuarto, Comandante. Yo mismo lo *chequié* como siempre.

FIDEL.- Váyanse en ese tú y tres de los hombres de mi escolta. Ven conmigo, Alfredo.

TORRES.- ¡Hasta ahora siempre ha confiado en mí, Comandante!

FIDEL.- ¡Por supuesto, Torres! Es que hoy prefiero manejar el tercero. Estarás detrás de nosotros.

Torres se dirige hacia el cuarto jeep.

ALFREDO.- Le has lastimado el orgullo. Vámonos en el que te tenía reservado. ¡El tipo te adora!

FIDEL.- No hombre, no. Ya se le pasará. No me gusta seguir siempre la misma rutina. Quiero hablar contigo.

ALFREDO.- Está bien. Déjame darle mi mochila para tener más espacio en el jeep.

FIDEL.- Apúrate.

Alfredo se acerca al jeep de Torres y le da su mochila a éste.

ALFREDO.- ¿Cuánto tiempo tenemos para que explote?

TORRES.- Una hora.

ALFREDO.- Cuando sea cuestión de segundos, acelera y salta del jeep a la cuneta antes de que choque con nosotros.

TORRES.- Trataré. Usted no se salva de ésta.

ALFREDO.- No pienses en mí.

TORRES.- Explotará exactamente a las 10:50.

ALFREDO.- ¡Buena suerte! Guardaremos una buena distancia entre los jeeps para evitar emboscadas. Eso está a favor nuestro. ¡Acelera y salta a tiempo!

El convoy comienza a moverse a velocidad moderada, pues el camino al nuevo campamento militar no está pavimentado. La caravana de jeeps se mueve a través del hermoso paraje de exuberante vegetación tropical.

✳

En su jeep, Torres, sudoroso, tiene los nervios tensos. Los otros hombres en el vehículo están dormidos. Torres mira su reloj pulsera. Son ahora las once menos once minutos de la mañana.

✳

En el tercer jeep del convoy Castro está al timón. Alfredo, que ocupa el otro asiento delantero, mira su reloj mientras sigue conversando con Fidel. Son las once menos tres minutos.

*ALFREDO.-*Y podemos tener una recepción para los corresponsales extranjeros y los escritores latinoamericanos.

FIDEL.- Es buena idea.

En el cuarto jeep Torres mira una vez más su reloj. Falta exactamente un minuto para las once. Cuenta hasta diez mentalmente y acelera viajando ahora más rápidamente.

En su jeep, Castro, viendo el jeep de Torres peligrosamente cerca y avanzando, acelera a su vez para alejarse de Torres.

FIDEL.- ¿Qué rayos está haciendo?

ALFREDO.- Debe haber oído algo importante en el radio y quiere alcanzarnos. Déjalo que se empareje con nosotros.

Pero Castro da un timonazo hacia la derecha para evitar un choque con Torres que continúa acercándoseles peligrosamente. Alfredo permanece en su asiento aparentemente despreocupado.

Los dos vehículos están a tres pies de distancia cuando una explosión horrenda ocurre.

El jeep de Castro está ahora fuera del camino peligrosamente al borde de la cuneta cuando se detiene con un frenazo.

Sorprendidos, Castro y sus otros dos acompañantes, Tavira y Romano, miran incrédulos hacia el jeep de Torres. A su vez Alfredo mira horrorizado el jeep envuelto en llamas.

Salazar y el resto de los guardaespaldas de Castro, portando sus metralletas corren hacia éste y rodean su jeep protegiéndolo de un posible segundo intento contra su vida.

Los reporteros son mantenidos a distancia, mientras toman fotos del jeep de Torres que sigue ardiendo. La escena es caótica.

FIDEL.- ¡Hijo de puta!

TAVIRA.- Los reporteros extranjeros están dándose un banquete.

FIDEL.- Esto es una conspiración. ¡Me voy para La Habana!

ALFREDO.- Si te vas, va a lucir que tienes miedo de una revuelta del ejército.

SALAZAR.- Es cierto. Los reporteros lo darán a conocer alrededor del mundo. Vamos a seguir al campamento.

FIDEL.- ¡Al carajo con los reporteros! Me voy ahora mismo de aquí con mi escolta. Alfredo, sigue tú con el convoy y los de la prensa. Represéntame en la ceremonia del campamento y culpa a la CIA del atentado.

Sin dudar por un sólo momento, Alfredo rápidamente desenvaina su revolver, apunta al pecho de Fidel, y le dispara dos balazos, pero Tavira, que lo ha visto a tiempo, se ha arrojado contra Alfredo derribándolo y desviando las dos balas que Alfredo había disparado contra Castro.

Fidel, ileso, está sorprendido y nervioso ante lo ocurrido, mientras que sus guardaespaldas inmediatamente desarman a Alfredo, esposándolo.

SALAZAR.- ¡No lo maten! ¡Lo queremos vivo! ¡Hay que saber quién más está envuelto en el atentado!

FIDEL.- ¡Hijo de la gran puta! ¡Vas a pagar por esto con tu vida! ¡Yo confiaba en ti!

ALFREDO.- ¡Yo confié en ti! ¡Maté por ti! ¡Maldito seas! ¡Tú traicionaste cada promesa que hiciste desde La Sierra, hijo de puta! Eres mil veces peor que Batista. ¡Nos has vendido como puercos a los rusos y estás arruinando el país!

Fidel, furioso y totalmente fuera de control, golpea con los puños a Alfredo en el rostro y el estómago, mientras que los guardaespaldas de Castro sujetan al indefenso prisionero.

Los otros miembros de la escolta de Castro impiden, cubriendo la escena interponiendo sus cuerpos, que los reporteros vean claramente lo que está ocurriendo.

TAVIRA.- ¿Quién más estaba conspirando contigo?

ALFREDO.- Nadie más. Sólo Torres y yo.

ROMANO.- Mentira. Hay que llamar a Seguridad en La Habana para ponerles al tanto. Tiene que haber más conspiradores.

En La Habana, al amanecer del siguiente día, diez oficiales de rango, entre ellos Salinas y Ramos, están atados a diez postes en frente del paredón de fusilamiento en la explanada de la antigua fortaleza prisión de La Cabaña. Los rostros de algunos de los condenados permanecen inescrutables; otros demuestran miedo ante la muerte inevitable y dos proclaman su inocencia inútilmente.

OFICIAL CONDENADO.- ¡Soy inocente! ¡No me maten!

CAPITÁN DE ESCUADRA.- ¡Atención... Apunten... Fuego!

El disparo de los fusiles rasga el silencio del amanecer.

En uno de los cuartos de interrogación de La Cabaña, Alfredo y Pablo están frente a frente. Pablo está sentado en una cómoda butaca de cuero tras el escritorio, mientras que Alfredo,

esposado y usando uniforme de prisionero, está sentado en una incómoda y resbaladiza silla de metal.

PABLO.- Estás metido en tremendo lío, pero soy tu amigo y quiero ayudarte.

ALFREDO.- (*sin alterarse*) No puedes. Nadie puede.

PABLO.- Coopera. Dame los nombres de los otros conspiradores. Te prometo que por cooperar el tribunal aceptará que actuaste así porque perdiste la razón temporalmente y te condenan a sólo unos años.

ALFREDO.- ¿Después de haber tratado de matar a Fidel? Además éramos sólo Torres y yo y él está muerto.

PABLO.- No te creo. No eres un idiota. Tienes que haber tenido un plan de apoyo para establecer el nuevo gobierno. Un ministro para reemplazar a Fidel, oficiales de rango para controlar el ejército.

ALFREDO.- Yo iba a nombrarme Primer Ministro. Eso es lo que hizo Fidel. Tú lo hubieras hecho en mi lugar.

PABLO.- Probablemente. Pero tú eres un idealísta; un romántico. Tú no lo hiciste por hambre de poder. Quisiste "salvar" la Nación del comunismo. Te conozco bien.

ALFREDO.- Por lo visto no tan bien.

PABLO.- Piensa en María.

ALFREDO.- Vamos a dejarla fuera de esto. Ella no sabía nada acerca de mi plan.

PABLO.- Óyeme. Yo arreglaré que tú y ella se escapen del país por una Embajada. Lo hemos hecho otras veces. Dame a mí esos nombres y ahórrate las torturas que te esperan.

ALFREDO.- ¿Y por qué harías eso?

PABLO.- Por ambición. Por hambre de poder y por tener una posición alta. ¡Si me das esos nombres subiré como espuma a la cima del Departamento!

ALFREDO.- Ya sé que eres maquiavélico. Vas a llegar lejos. Pero, de veras, sólo éramos Torres y yo. Quiero ver a María. ¿Harás eso por mí?

PABLO.- Lo haré, pero no hoy. Piénsalo. No fusilaremos a los otros tampoco. Sólo queremos neutralizarlos y estabilizar la situación. Nada de escándalos sangrientos.

*

En el despacho de Gerardo, el hermano de Alfredo, María está sentada frente a su cuñado.

MARÍA.- No sé que hacer, Gerardo. Hace cuatro días que Alfredo salió de casa para acompañar a Fidel y nunca regresó ni llamó.

GERARDO.- ¿Has llamado a Pablo?

MARÍA.- Lo he llamado y no me ha devuelto ninguna de mis llamadas.

GERARDO.- El caso es serio, entonces. Está preso. Desde el atentado contra Fidel han arrestado y fusilado a un puñado de gente. Alfredo debe de estar implicado en la conspiración.

MARÍA.- ¿Puedes al menos averiguar dónde lo tienen?

GERARDO.- No, María. Pueden mantenerlo incomunicado en una celda indefinidamente sin reconocer oficialmente que está preso. No quiero involucrarme en el lío en que está metido. Prefiero que no me llames ni trates de verme otra vez. Puede costarme mi puesto y despertar sospechas acerca de mi lealtad al régimen.

MARÍA.- (*poniéndose de pie*) Lo siento. Debí haberlo sabido. Por un momento, en medio de mi desesperación, pensé que querrías hacer algo por tu hermano. Despreocúpate. No volverás a oír de mí ni de Alfredo jamás.

Esa noche, en su hogar, María desesperada y tensa, acude a abrir la puerta al llamado del timbre. El reloj da las 8:00.

MARÍA.- ¡Pablo! ¿Dónde está Alfredo?

PABLO.- Metido en tremendo lío. Tenemos mucho de qué hablar. Vamos a comer algo mientras lo hacemos. Quiero ayudarlo.

María toma un bolso y sale con Pablo hasta el coche de éste que está estacionado frente al jardín de la casa con el motor en marcha y el chófer al timón.

El cabaret-casino del Riviera se ha convertido en uno de los sitios favoritos de los altos Oficiales del Ejército Rebelde, de los consejeros militares rusos, diplomáticos del Bloque Oriental, y funcionarios de rango del gobierno castrista. Se oyen diferentes lenguas entre las personas que llegan al lobby del hermoso edificio.

María entra al restaurante seguida de Pablo. El primer espectáculo de la noche está terminando con una producción fabulosa presentando a las hermosas coristas del cabaret.

Antonio, el Maitre d'hôtel, reconoce a Pablo, lo saluda servilmente y los conduce a una mesa apartada y discreta.

MARÍA.- Éste no es precisamente el mejor lugar para hablar de algo "muy serio" según tú.

PABLO.- La comida es buena y el ambiente grato.

MARÍA.- Y te tratan con el mismo servilismo con que antes trataron a los esbirros de Batista. La historia se repite aumentada y más terrible, ¿cierto?

PABLO.- No te sobrepases, María. No me insultes.

Al terminar el "show" y los aplausos la orquesta comienza a tocar "Sola," un bolero romántico.

El camarero les trae un "Scotch" doble a Pablo y un daiquirí helado a María. Les trae también una bandeja de aperitivos.

PABLO.- (al camarero) Lo de siempre, Marcos. Lo mismo para la señora. (a María) Es su especialidad. ¿Quieres bailar?

MARÍA.- Demuestra que tienes al menos un vestigio de clase, Pablo. No estoy aquí por mi gusto y estoy muy lejos de querer bailar contigo o con nadie.

PABLO.- Pásate unos días conmigo y lo pongo en libertad.

MARÍA.- ¡No me insultes! Vamos a aclarar las cosas. No sé dónde tienes a Alfredo ni por qué está ahí, pero no voy a acostarme contigo para "salvarlo."

PABLO.- Te repito que ha cometido un error garrafal; una idiotez.

MARÍA.- Todo lo que sé es que salió de casa para acompañar a Fidel a la inauguración de un campamento y que nunca regresó.

PABLO.- Planeó el asesinato de Fidel. Le disparó dos balazos delante de todos. Torres era solamente parte de la conspiración.

MARÍA.- ¡No te creo!

El camarero les trae la cena: dos suculentas langostas que Pablo ordenó sin consultarla, complimentada con varios acompaña-mientos exquisitos.

PABLO.- Queremos que nos de los nombres de los otros conspiradores.

MARÍA.- Quiero oír su versión de lo que realmente pasó. Llévame a verlo.

PABLO.- Después de la cena. Fusilamos a unos cuantos desde el atentado, pero los pejes grandes siguen sueltos por ahí.

María no toca la comida pero toma un sorbo del daiquirí.

MARÍA.- ¿De qué estás hablando?

PABLO.- Miembros del Gabinete, oficiales de rango. Esos son los que queremos atrapar. Si no habla va a dejar los sesos en el paredón.

LA CABAÑA

Tres horas después María está sola en un cuarto sin ventanas ni muebles en un sótano de la prisión colonial La Cabaña. Las paredes de piedra están cubiertas de moho. Hay un silencio espeluznante que de vez en cuando es roto por el grito lejano de algún torturado.

Un Guardia trae a Alfredo y cierra la puerta dejándolos solos.

María y Alfredo se abrazan en un abrazo angustioso. El uniforme de prisionero de Alfredo está sucio y muestra manchas de sangre. Su rostro tiene varios cardenales y una herida sobre la ceja izquierda.

MARÍA.- ¿Qué te han hecho? ¡Te han golpeado salvajemente, mi amor!

ALFREDO.- ¿Sospechan de ti?

MARÍA.- No. Pablo me trajo a verte para que te convenza de que hables.

María lo abraza de nuevo conmovida por el estado en que él se encuentra.

MARÍA.- ¿Es cierto que trataste de matar a Fidel?

ALFREDO.- Sí.

MARÍA.- *(horrorizada)* ¡Dios mío! ¡Entonces es verdad! ¿Cómo no me dijiste nada?

ALFREDO.- No quise preocuparte ni implicarte. Se escapó de milagro. Pero no tenemos tiempo para hablar de eso.

MARÍA.- ¿Por qué le disparaste en frente de toda esa gente? Eso fue...

ALFREDO.- Parte del plan. No tuve otro remedio. El plan era matarlo en la explosión o en el campamento. El jeep explotó segundos antes de chocar con el de Fidel.

MARÍA.- ¡Pobre Torres! ¿Tú estabas en el jeep de Fidel?

ALFREDO.- Sí. Fidel se negó a seguir hasta el campamento y tuve que tratar de matarle allí mismo.

MARÍA.- ¡Me horroriza pensar lo que te harán!

ALFREDO.- Llama a Rafael mañana. Pídele asilo político en la Embajada. Si no lo haces, Pablo te usará para hacerme hablar. No lo ha hecho ya porque piensa que tal vez me convenzas de cooperar con ellos.

MARÍA.- No me iré de Cuba mientras estés vivo.

ALFREDO.- Yo no saldré vivo de aquí. ¡Esta gente viola a las mujeres para que los maridos hablen! Entra en la Embajada. ¡Hazlo por mí!

MARÍA.- (*muy afligida*) Está bien. Llamaré a Rafael.

ALFREDO.- Van a seguirte.

MARÍA.- Lo sé. Hay algo que quiero que sepas. Estoy encinta.

ALFREDO.- (*profundamente conmovido*) ¡Eso es maravilloso, mi vida! También es un poco aterrador en nuestras circunstancias. Estarás sola...

MARÍA.- Cuidaré a nuestro hijo y le haré frente a la vida. No te preocupes.

ALFREDO.- Serás una madre maravillosa y tierna. Lo sé. ¡Te quiero más que nunca, María! ¡Con toda el alma!

Alfredo, hondamente emocionado tiene los ojos llenos de lágrimas sabiendo que nunca conocerá a su hijo. La besa tiernamente en las manos y los labios y le acaricia el vientre en un intento de tocar la criatura que ya late en ella. María a su vez responde suavemente a sus caricias y le besa sabiendo que no volverá a verlo jamás.

*

Pablo acompaña a María a la puerta de su casa después de volver de La Cabaña.

MARÍA.- Te lo repito. Traté de convencerlo pero me aseguró que nadie más estaba envuelto en el atentado. Dame tiempo para tratar de nuevo.

PABLO.- Tal vez puedas convencerlo. Puedes verlo una vez más. Te llamaré mañana.

MARÍA.- Está bien. No puedo pensar con claridad ahora.

PABLO.- Inventa una historia. Dile que estás embarazada. Eso tal vez lo convencería.

*

A la mañana siguiente, muy temprano, María busca en la página de obituarios del periódico y marca dos noticias de funerales. Finalmente se decide por una de un desconocido y la recorta. Está ya vestida de negro. Se dirige a la ventana, la abre y la deja abierta. Abre otra ventana y la deja abierta también creando así la impresión de que estará en su casa después de salir de ella.

La calle está desierta de coches o gente a esa hora. María toma su bolso, va al garage, y se sienta al timón de su coche después de abrir la puerta del garage y cerrarla de nuevo una vez que el coche está en la desierta calle.

Mientras conduce, constantemente se cerciora, mirando por el espejo retrovisor, de que no la sigue otro auto.

Se dirige por el Malecón al centro comercial de la ciudad. Estaciona el coche, entra en una cafetería y se toma un café.

Algunos comercios están ya abriendo sus puertas al público, escaso a esa temprana hora.

María sale de la cafetería y entra en una pequeña librería y comienza a buscar en los anaqueles y a hojear un libro. Nadie la ha seguido.

Sale de la librería por la puerta del fondo que da a otra calle. Entra en otra cafetería y va al baño de señoras. Se dirige a uno de los cubículos y espera para cerciorarse de que nadie la ha seguido.

Sale del cubículo y entra en la cabina telefónica del baño y marca un número de teléfono.

MARÍA.- ¿Rafael?

RAFAEL. Sí. ¿María?

MARÍA.- Alfredo está en el hospital.

RAFAEL.- ¿Es serio?

MARÍA.- Gravísimo. No hay esperanzas.

RAFAEL.- ¡Lo siento de veras! ¿Qué puedo hacer por ti?

MARÍA.- Me dijo que te había hablado de la posibilidad de que esto ocurriera.

RAFAEL.- Sí. ¿Podemos vernos hoy?

MARÍA.- Lo antes posible. ¿Puedo traer a mi madre? No puedo dejarla.

RAFAEL.- Por supuesto. Enviaré a Mariano a recogerlas.

MARÍA.- No estaré en casa. Iré con mi madre al Cementerio Colón al entierro de Julián Fuentes a las 11:00.

RAFAEL.- ¿Le conocías?

MARÍA.- No.

RAFAEL.- Está bien.

MARÍA.- En el periódico está el sitio del panteón de la familia.

✻

María ha recogido a su madre, Teresa, en la casa de ésta, y se alejan en su coche a una velocidad normal. Teresa viste de negro también.

Por el espejo retrovisor María ve el coche verde que estaba estacionado al final de la cuadra de la casa de Teresa, siguiéndolas. Hay dos hombres en el coche.

MARÍA.- Están siguiéndonos. Seguramente fueron a mi casa y al no encontrarme vinieron a la tuya.

Al llegar al cementerio se dirigen al lugar del entierro y estacionan el coche a una distancia apropiada. El sitio está lleno de las características tumbas de mármol de los cementerios de Cuba. Algunas tienen imágenes de Ángeles, Dolorosas o Cristos.

María y Teresa se unen al grupo de los dolientes. Al final de la ceremonia un Sacerdote bendice el féretro. Los presentes al entierro, entre ellos María y Teresa, expresan sus condolencias a la familia del difunto.

MARÍA.- (dándole la mano a dos señoras familiares del difunto) La acompaño en su sentimiento.

TERESA.- (sinceramente) ¡Ya sé cuán triste es perder a una persona amada! La acompaño en su pena.

SEÑORA.- (a su hija) Yo no recuerdo a estas señoras. ¿Y tú?

HIJA.- Yo tampoco. No tengo idea de quiénes son.

María y Teresa se alejan hacia la línea de coches esperando a los asistentes al funeral. Un Mercedes-Benz azul, con licencia diplomática de la Embajada Venezolana se acerca a ellas y se detiene.

El chofer sale del auto y abre la puerta para que entren al mismo.

CHOFER.- Buenos días, Señora de Del Valle.

MARÍA.- Buenos días, Mariano.

CHOFER.- (a Teresa) Buenos días, Señora de Castillo.

María y Teresa entran al coche que se dirige a la salida del cementerio.

Los dos agentes del coche verde, que están esperando el coche gris de María y Teresa, no prestan atención al Mercedes azul que sale del cementerio y se aleja con rumbo a la Embajada.

El Mercedes azul se acerca a la entrada lateral de la mansión de la Embajada de Venezuela. Una placa de bronce identifica esa entrada como la dedicada al uso exclusivo del personal de la Embajada.

Los dos soldados castristas que montan guardia junto a la entrada para prevenir que alguien trate de entrar al "territorio venezolano" y pedir asilo político, reconocen a Mariano y le franquean el paso al auto con licencia diplomática.

Mariano conduce el coche hasta la entrada misma, abre la puerta y María y Teresa entran al edificio.

Rafael, attaché de la Embajada está esperándolas.

RAFAEL.- *(abrazando a María)* Siento infinitamente lo de Alfredo. ¡Cuánto quisiera poder ayudarlo!

MARÍA.- Estás haciendo todo lo que puedes, Rafael. Ésta es mi madre, Teresa Ruiz de Castillo.

RAFAEL.- Bienvenida a nuestra Embajada, Señora.

En su calabozo en las entrañas de la fortaleza colonial de La Cabaña, Alfredo está echado en un asqueroso jergón. La celda es una mazmorra sin ventanas. La reja, totalmente cubierta con una plancha de metal, tiene una ranura junto al suelo por donde le pasan el plato con la comida.

Aunque oye pasos que se acercan continúa tirado en el jergón. La puerta se abre. Un guardia joven entra, cierra la reja y le habla en voz baja.

ERNESTO.- Me llamo Ernesto. Rafael quiere que sepa que su esposa y su suegra están bien y a salvo en la Embajada.

Alfredo no contesta. Ernesto sale de la celda sin decir nada más. Alfredo, tranquilizado por la noticia, piensa que ya Pablo sabe que están en una Embajada y que la misión de Ernesto es ganarse su confianza, aparentando que está de su parte.

*

Han pasado tres meses. Alfredo, que está dormido, ha ido marcando en la pared las semanas de su encarcelamiento para llevar cuenta del tiempo que ha pasado desde que lo detuvieron, rayando, con un pedacito de alambre que encontró en el suelo, la pared en que la humedad ha dejado manchas oscuras.

Una bombilla de reciente instalación aunque incongruente y fuera del tiempo en que la fortaleza fue construida, está pegada al techo iluminando permanentemente la mazmorra como parte de la tortura.

La puerta se abre y un soldado le zarandea y ordena que lo siga. Alfredo obedece y se pone de pie vacilante. Está descalzo. La idea de otra sesión de interrogatorio lo hace sentir un escalofrío de miedo, pero no lo demuestra en forma alguna.

Entra al recinto donde le han interrogado otras veces y se sienta en aquella silla de metal, resbaladiza e incómoda en que siempre lo sientan. Dos soldados permanecen en el cuarto.

El Capitán Figueres está ya listo para empezar y le hace seña al soldado de que encienda el reflector deslumbrante que ciega y *molesta al prisionero por su intensidad.*

La cara y el torso de Alfredo muestran nuevos cardenales y golpes que el uniforme, un ripio sucio con manchas de sangre reseca, no cubre.

Figueres se recuesta en el escritorio, donde hay una grabadora que enciende en medio de una grabación de una llamada telefónica.

VOZ DE HOMBRE.- Soy yo, Carlos.

Figueres detiene la grabación.

FIGUERES.- ¿Quién carajo es ese "Carlos"? *(enseñándole unas fotos)* ¿Es uno de éstos hijos de puta?

ALFREDO.- No conozco a ningún Carlos ni a ninguno de esos hombres. Se lo he dicho no sé cuántas veces. Déjenme dormir o acaben de matarme.

Privado de sueño, el cerebro de Alfredo está sumido en una niebla espesa.

FIGUERES.- ¡Despiértate, marica! Sabemos que conspirabas con ese "Carlos." ¡Dime su nombre verdadero y el de los miembros del Gabinete que conspiraban contigo!

ALFREDO.- No conozco a ningún Carlos. Ningún ministro estaba conspirando.

FIGUERES.- Empezaremos por los pies. ¡Si no hablas te vamos a capar!*(a uno de los verdugos)* Trae las pinzas.

Esa madrugada, Alfredo está echado en su jergón, sin camisa y tiritando de frío. El pecho muestra nuevos cardenales pues ha sido salvajemente golpeado.

Tiene además los magullados pies inflamados y cubiertos de sangre. Las uñas de ambos pies le han sido extraídas. Está delirando en medio de la fiebre y el dolor que siente después de la noche de tortura y golpes. Se mueve de un lado al otro del jergón balbuceando incoherentemente.

ALFREDO.- ¡No me corten los pies! Torres, ¡no me dejes aquí! ¡Espérame...Oooh...! No puedo caminar. ¡Me cortaron, me cortaron los pies! ¡Tengo frío! Ayúdame a subir al jeep... ¿Estás muerto de veras? Contéstame, Torres. ¡Perdóname! Fue mi culpa... Siempre...mi culpa...

FIGUERES (V.O.)- (como un eco que se repite desfigurado) "¿Quién es Carlos? ¡Maldita sea! ¡Habla, coño! ¿Quieres que sigamos sacándote las uñas?

Un grito agonizante y terrible se escapa de la garganta de Alfredo y se repite al rebotar contra las paredes de piedra de la mazmorra.

Alfredo se despierta al oír su propia voz en medio del delirio. Tiene el pelo y la barba enredados y sucios como el resto de su persona, y la apariencia de un animal acorralado y lleno de pavor.

Se levanta del jergón lentamente, desorientado, y va cojeando hasta el hueco pestilente, que en una de las esquinas de la mazmorra, se abre en el suelo. Orina en el hueco y regresa lentamente, al jergón totalmente exhausto.

Alfredo ha perdido noción del tiempo después de varios meses de tortura, pesadillas, fiebre y delirio.

Una noche oye las pisadas que se acercan por el corredor, aterrorizado. Mira hacia la ranura abierta bajo la puerta.

Dos Guardias entran y lo sacan a rastras llevándolo al cuarto de interrogaciones y lo sientan en la odiada silla de metal tan resbalosa e incómoda.

Lleva el mismo uniforme sucio, ensangrentado y roto que usa desde hace meses. Ha perdido mucho peso. Sus ojos tienen una mirada extraviada por el terror que siente y no quiere expresar.

Pablo lo mira con repulsión y comienza el interrogatorio.

PABLO.- No seas idiota. ¡Habla y salva el culo que te queda! ¡Dime el nombre verdadero de Carlos, imbécil! ¿Está Manolín envuelto en esto?

ALFREDO.- No. Está en Canadá. Se fue antes de la invasión. ¿En qué mes estamos?

PABLO.- ¡Qué más da! ¡Por última vez, además de ese "Carlos" tiene que haber habido ministros y oficiales envueltos! Dime esos nombres y no te torturamos más.

ALFREDO.- Torres y yo.

PABLO.- Llévenlo al Laboratorio.

Los dos Guardias lo arrastran de nuevo esta vez al Laboratorio que es realmente otra cámara de tortura más refinada.

Lo llevan hasta una camilla y lo aseguran a la misma con unas correas de cuero, dejándolo completamente incapaz de moverse. Con absoluta precisión, Julio, el "técnico", le introduce en un oído un alambre eléctrico fino con una aguja al final del alambre.

Alfredo trata de mover la cabeza inútilmente pues una de las *correas se la sujeta a la camilla.*

Julio, el "técnico", le abofetea repetidamente y finalmente coloca el alambre en la posición debida para el tratamiento.

JULIO.- Estamos listos, Comandante.

PABLO.- Ya sabemos que después del fusilamiento de "Francisco," el nuevo Jefe Nacional del Movimiento MRR es "Monty". ¿Es "Monty" "Carlos"? Por última vez, ¿cuál es el verdadero nombre de "Carlos" y quiénes son sus colaboradores principales? ¡Habla y evítate un dolor de madre! ¡Habla!

ALFREDO.- Nunca conocí a ningún "Carlos" ni a ese "Monty."

PABLO.- Empieza, Julio.

Julio va hasta una consola y comienza a aumentar la corriente eléctrica. Unos segundos después, Alfredo empieza a tratar desesperadamente de liberarse de la corriente eléctrica y la torturante aguja que el técnico le introdujo hasta el tímpano.

La expresión de dolor en la cara de Alfredo se intensifica. Un silbido agudo e insoportable aumenta de volumen llenando la sala de tortura. Un grito salvaje se escapa de la garganta de Alfredo y éste pierde el conocimiento.

Manolín está arrodillado ante un confesionario en la Iglesia del Padre Fuentes. Se ha teñido el pelo rubio de castaño oscuro y tiene bigote y una barba descuidada. Ha perdido peso y está ojeroso y desmejorado.

MANOLÍN.- ¿Padre Fuentes?

PADRE FUENTES.- ¡Manolín! Te he llamado muchas veces. ¿Dónde has estado?

MANOLÍN.- Tuve que irme del último escondite. Necesito otro lugar seguro. La mayor parte de mis contactos y de la alta jerarquía del Movimiento están cayendo presos. Hay un infiltrado entre nosotros que nos está entregando. Es alguien del Movimiento que nos conoce bien. Estoy tratando de descubrir al traidor.

PADRE FUENTES.- Puedes quedarte en la Rectoría hasta que encontremos otro lugar o hasta que salgas del país.

MANOLÍN.- No quiero irme. Escóndame por el momento. Ahora tengo una cita con la novia de uno de los nuestros que está preso y lo han condenado a muerte. Ella dice que sabe quien lo delató y va a darme detalles y el nombre del traidor. Volveré esta noche.

PADRE FUENTES.- No me digas adonde vas. No quiero saberlo. No salgas por el frente de la Iglesia. Últimamente han estado viniendo unos tipos raros; pasan un rato y se van. Pueden ser del G2. Pasa a la Rectoría y usa la otra calle. ¡Que Dios te bendiga y te acompañe!

Manolín se dirige a la Rectoría y cierra la puerta. Casi inmediatamente, dos hombres entran silenciosamente en la Iglesia y van directamente al confesionario.

HOMBRE.- ¿Padre Fuentes?

PADRE FUENTES.- Sí. ¿En qué puedo servirles?

HOMBRE.- Somos agentes del G2. Salga de ahí. ¿Dónde está "Monty"?

PADRE FUENTES.- No sé de quien me habla. No conozco a nadie con ese nombre.

HOMBRE.- Sabemos que él vendría aquí hoy. (*al otro Hombre*) Llévatelo. Ella dijo que si no le echábamos el guante aquí, ella se encontraría con él en "La Copa" y lo entretendría para darme tiempo. Voy para allá ahora.

El Padre Fuentes no ofrece resistencia y sale de la Iglesia con los dos Hombres después de persignarse ante el altar.

LA COPA

Manolín y una mujer joven, están sentados a una mesa de "La Copa", en Miramar, desayunando. Son las 8:00 de la mañana del 29 de mayo de 1962.

En una mesa cercana, dos hombres están tomando café. Uno de los hombres es el que entró en la Iglesia más temprano y dio la orden de arrestar al Padre Fuentes. Deja un billete en la mesa y se dirigen sin prisa, pero directamente, a la mesa de Manolín, que está de espaldas a ellos.

La mujer joven los ve acercarse pero continúa hablando con Manolín sin inmutarse. Cuando llegan a la mesa de Manolín, el hombre saca un revolver y se lo pone en la espalda a éste.

Inmediatamente los clientes de las mesas cercanas se levantan y salen del establecimiento a toda prisa.

HOMBRE.- No te muevas "Monty." Somos del G2.

MANOLÍN.- (*con absoluta calma*) ¿Qué está diciendo? Mi nombre es Sergio. Puedo probarlo.

HOMBRE.- Sí. "Carlos," "Monty," "Sergio." ¿Para cuántos alias más tienes identificaciones? Se te acabó la fiesta, Manolín. Te llegó la hora de cantar. (*a la mujer joven*) Nina, tu novio quedará libre hoy mismo y los pondremos en un avión para México mañana.

Nina se marcha sin mirar a Manolín.

LA CABAÑA

Repentinamente cesan las interrogaciones. Alfredo continúa encerrado en su estrecha mazmorra en confinamiento solitario sin ver a ningún otro prisionero, viviendo como una bestia olvidada en su guarida, o como si hubiera muerto y nadie se acordara de enterrarlo.

El tiempo pasa lento, como corre la espesa savia que brota de la herida abierta en el tronco de un árbol. La bombilla, pegada al techo de vigas de madera obscura, relumbra, persistente, torturante, día y noche en la inmunda, pestilente mazmorra.

De vez en cuando el alarido escalofriante de dolor de algún torturado rompe el silencio reinante en las entrañas de la fortaleza prisión. Alfredo tiembla, horrorizado, sintiendo en carne propia la tortura del otro.

Una noche, la puerta de la Mazmorra de Alfredo se abre y entra Ernesto, el Guardia joven, haciéndole señas de que no hable alto.

ERNESTO.- "Martí en Dos Ríos." Estoy trabajando con su amigo el Comandante Elmo. Le traigo un mensaje de Rafael el attaché de la Embajada de Venezuela.

ALFREDO.- (sospechando una trampa) No conozco a ningún Rafael y Elmo ya no es mi amigo. ¡Ya no tengo amigos!

ERNESTO.- Su esposa tuvo su hijo hace tres días. Están bien los dos.

Ernesto le entrega un sobre a Alfredo. Éste rasga el sobre con manos temblorosas y saca de él una foto de María con el niñito en los brazos. Alfredo contempla la foto mientras que le corren por las mejillas lágrimas de alegría y emoción. En el reverso de la foto hay una nota de María que él lee en silencio.

Amor de mi vida:

¡Éste es nuestro hijo! Es precioso. Crecerá oyéndome hablar de ti. Te atesorará tanto como yo y te amará por todo lo que eres. Pienso constantemente en ti. Te quiero más que nunca y te adoraré hasta el fin de mis días.

Tu María

ALFREDO.- ¡Gracias Ernesto! Perdóname por haber dudado de ti...

ERNESTO.- Yo lo comprendo. Olvídate de eso. No sabes cómo admiro tu coraje.

ALFREDO.- No puedes imaginarte lo que esta foto y la nota significan para mí. Las miraré y las releeré cada noche. Destrúyelas cuando me maten. Las encontrarás aquí.

Alfredo esconde la foto debajo de una losa suelta del piso bajo su jergón.

ERNESTO.- Así lo haré.

TRES MESES DESPUÉS

Han pasado tres meses desde la detención de Manolín, que está en otra mazmorra de La Cabaña. Una intensa luz inunda la celda haciendo muy difícil que el prisionero logre dormir.

Está echado en un jergón sucio. Todo lo que lleva es un par de pantalones de prisionero igualmente manchados. Tiene cardenales en la cara, la espalda y el pecho. Ha perdido mucho peso.

La reja de la mazmorra se abre y "Che" Guevara entra con un Sargento.

"CHE" GUEVARA.- Así que eres el misterioso "Carlos" y "Monty." Estás hecho una mierda, Manolín.

Manolín no se mueve.

"CHE" GUEVARA.- Pero eres famoso. ¡Coordinador de Inteligencia del Movimiento, y ahora eras Jefe Nacional del MRR! ¡Impresionante! Pero no tienes que morir. El Papa, el Embajador de España, otros diplomáticos y varios intelectuales y escritores famosos están intercediendo y pidiendo clemencia para ti. Me dicen que no has hablado. ¡Coopera con nosotros, che, y te ponemos en un avión rumbo a España!

Manolín no le contesta y le vuelve la espalda al "Che" que furioso le da una patada con la bota de campaña que usa. Manolín trata de contener el quejido que se le escapa al recibir el golpe inesperado, pero permanece de espaldas.

"CHÉ" GUEVARA.- ¡Traicionaste la Revolución, hijo de puta!

Manolín se vuelve y confronta al "Che."

MANOLÍN.- No. Tú la traicionaste. ¡Tú eres el bastardo! Eres un criminal internacional, un sadista cínico, lleno de odio, que ha ordenado el fusilamiento de cientos y cientos de prisioneros políticos y disidentes desde que eres Jefe Militar de esta prisión. Eres una bestia inmunda--

El "Che," furioso, le patea repetidas veces en el estómago y los testículos. Manolín se retuerce de dolor y pierde el conocimiento.

AGOSTO 29 de 1962

Después de infinitas torturas y abusos, un tribunal castrista oye brevemente los cargos de que se acusa a Manolín. Sorprendentemente permiten que su tía Eloisa Castellano de Sacerio lo vea antes del juicio.

MANOLÍN.- Estoy condenado a muerte de antemano. Diles a mamá y a mi padre que muero tranquilo por mi patria y mis principios. Diles que no he traicionado a nadie.

Ese mismo día el tribunal condena a Manolín Guillot Castellano, a muerte por fusilamiento al día siguiente, 30 de agosto de 1962. Tenía 26 años de edad.

*

AGOSTO 30 DE 1962

El amanecer pinta el cielo de un rosa intenso al empezar a levantarse sobre el lejano horizonte del mar, un sol reverberante y hermoso como una inmensa fruta tropical, que tiñe las piedras de la explanada y paredones de la antigua fortaleza colonial.

Los Soldados del pelotón de fusilamiento están ya formados frente al condenado a muerte. Manolín está atado a un poste de los varios que están a ese fin contra el paredón lacerado por las balas de miles de fusilamientos.

Un Soldado se acerca al condenado y le ofrece una venda para cubrirle los ojos.

Manolín declina aceptarla y mira con fruición el hermoso cielo opalino teñido de malva y rosa, y el mar distante y centelleante, ignorando a los hombres del pelotón de fusilamiento, en su hambre de llevarse consigo toda aquella belleza indescriptible que nunca más volverá a ver.

Un Teniente está encargado de dirigir el pelotón y comienza a dar las órdenes pertinentes.

TENIENTE.- ¡Atención!... ¡Apunten!

MANOLÍN.- ¡Viva Cuba Libre!

TENIENTE.- ¡Fuego!

El cuerpo de Manolín se estremece por el impacto de las balas. Su sangre joven se vierte tiñéndole el pecho como una inmensa amapola y rocía el paredón.

El Teniente, automáticamente se acerca al cadáver y le dispara el tiro de gracia.

*

Esa madrugada, Alfredo, en su calabozo oye descargas de fusiles en la distancia y se estremece pensando en los condenados.

Escucha unos pasos que se acercan y se detienen ante su celda. Alguien le desliza un plato de metal por la ranura que a ese efecto está entre la puerta y el suelo.

Alfredo se acerca a la puerta cojeando y mira con repulsión el líquido grasiento e incoloro del caldo que contiene el plato. Tiene hambre y se traga aquello que no sabe qué es pues no tiene sabor a nada; no tiene vestigios de que hubo en su cocido trazas de carne o vegetales.

Una rata asoma el hocico peludo por la rendija de la puerta. Alfredo le arroja el plato vacío, y la rata huye despavorida.

Unos segundos pasan y Alfredo oye los pasos de alguien que se acerca por el pasillo y se detiene a la entrada de la mazmorra. La reja se abre y entra Fidel Castro.

Viste su eterno uniforme de campaña verde olivo, ajado y no muy limpio; lleva revolver a la cintura, fusta y botas de montar a caballo, la barba hirsuta y alambrada y el imprescindible tabaco en los labios. Muestra la buena vida y el buen comer en la cintura.

Fidel mira con indiferencia la inmunda mazmorra y a Alfredo que permanece sentado en el jergón. El prisionero ladea un poco la cabeza cuando Fidel le habla, para oír con el oído no afectado por la tortura que le rompió el tímpano.

FIDEL.- A ti te gustaba montar a caballo. Hoy fui a la finca y monté un potro nuevo precioso.

ALFREDO.- ¿Y viniste a esta cloaca a decirme eso, o a verme viviendo en esta mazmorra como un animal?

FIDEL.- Vine a decirte que mañana te fusilaremos.

ALFREDO.- Estoy listo. Tus esbirros me han destrozado el cuerpo, pero no el espíritu. Permanezco intacto a cierto nivel.

FIDEL.- ¡Imbécil! Eres una alimaña asquerosa, una ruina humana. ¡Apestas! ¡Tienes que oler tu grajo, tu orine y tu mierda día y noche!

ALFREDO.- Pero no he traicionado a nadie ni a mí mismo como tú.

FIDEL.- ¡Estás hablando mierda! También vine a decirte que hoy fusilamos a Manolín Guillot. Lo agarramos sin tu ayuda.

ALFREDO.- ¡Lo siento de veras! Sorí Marín, Rogelio González Corzo, y ahora Manolín Guillot. Y antes de ellos miles y miles de fusilados y los que nos seguirán. Sería una carga terrible de llevar si tuvieras conciencia.

FIDEL.- Ya sé que lo sientes. Por eso te lo digo. Alguien más realista que tú delató a Manolín para salvar al novio.

ALFREDO.- Eran hombres íntegros. Totalmente diferentes a ti. Arriesgaron su vida por ti y te ayudaron a subir al poder. Yo también lo hice.

FIDEL.- ¡Vas a morir por gusto! Hemos destruido prácticamente tu famoso Movimiento clandestino, tu MRR, y yo me moriré de viejo en el poder. Raúl declarará unos días de duelo nacional y será el nuevo presidente.

ALFREDO.- La historia te juzgará por lo que realmente eres.

FIDEL.- ¿Y qué soy?

ALFREDO.- Un egomaníaco, un cínico, un asesino y un ladrón. Un hombre lleno de ambición, de odio y de un tremendo complejo de inferioridad a causa de la naturaleza de su nacimiento.

FIDEL.- (furioso) ¡Pedazo de mierda!

ALFREDO.- ¡Por eso odiabas a tu padre! ¡Porque te hizo un bastardo!

FIDEL.- ¡Hijo de puta!

Fidel, ciego de rabia, se lanza contra Alfredo que permanece sentado en el jergón, y le da de latigazos en la cara y el pecho con su fusta. Alfredo se pone de pie confrontándolo

ALFREDO.- No eres nada más que otro déspota sanguinario. ¡Otro dictadorzuelo, otra ridícula caricatura política al estilo de Latinoamérica: otro Somoza o Trujillo!

FIDEL.- ¿Y tú, qué eres? Te crees un héroe pero eres un escombro que no merece siquiera morir fusilado ante un pelotón.

ALFREDO.- Traicionaste nuestra Revolución y te vendiste como una puta a los rusos. ¡Yo luché por una Revolución justa; maté por ella y moriré por haber tratado de rescatarla de tus manos!

FIDEL.- ¡Yo mismo voy a matarte!

ALFREDO.- ¡Hazlo! ¡Ahora mismo! ¡No seré ni el primero ni el último que has asesinado! ¡Pero no puedes matarnos a todos! ¡Otros seguirán luchando contra ti y contra esa pobre excusa de hombre que es Raúl!

Fidel desenvaina su revolver y le apunta. Alfredo avanza hacia él dándole el pecho y Fidel le dispara dos balazos.

Alfredo cae muerto bañado en sangre.

Un Guardia entra en la mazmorra y ve el cadáver de Alfredo y a Fidel Castro a unos pasos de él con el revolver humeante en la mano.

FIDEL.- ¡Que lo entierren en una fosa sin nombre! Para nuestro archivo, que conste que murió de pneumonía. No hay que notificar a nadie.

Fidel, repentinamente calmado, sale de la mazmorra sin volver a mirar el cadáver de Alfredo.

✳

María está sentada en el saloncito anexo a su dormitorio en la Embajada Venezolana. Es de noche y su hijito se ha quedado dormido en sus brazos. Alguien llama a la puerta con los nudillos.

MARÍA.- Adelante.

Rafael entra. Viendo la expresión de su rostro, María siente que no le trae buenas noticias.

MARÍA.- Has tenido malas noticias de Alfredo.

RAFAEL.- Acaba de llamarme Ernesto. Lo siento tanto, María...

MARÍA.- ¿Lo mataron?

RAFAEL.- Iban a ejecutarlo hoy. Tuvo una discusión violenta con Fidel anoche, y Fidel lo mató en su celda.

María, con el bebito en los brazos, lo estrecha apretadamente contra su pecho mientras llora calladamente.

✳

Una semana después María llega a la pista de aterrizaje del aeropuerto José Martí en la limousine de la Embajada Venezolana. La acompañan su hijito y su madre, Teresa, además de Rafael y el Cónsul General.

Después de que los pasajeros regulares abordan, la limousine mostrando las banderas de la Embajada de Venezuela, se acerca al avión de Línea Aeropostal Venezolana listo para despegar.

El chofer abre una de las puertas y Rafael sale a la pista, va hacia el Capitán del Ejército que está a cargo de la operación, se identifica, y le entrega los documentos pertinentes.

RAFAEL.- Rafael Gómez Arias, *Attaché* Cultural de la Embajada de Venezuela. El Cónsul General está en la limousine con las dos refugiadas políticas y el niño nacido en la Embajada a la Señora Del Valle.

El capitán abre el sobre, lee cuidadosamente los documentos y revisa los pasaportes. Finalmente va al automóvil y verifica la identidad de los pasajeros. María tiene al niño en sus brazos.

CAPITÁN.- La esposa y el hijo de un traidor.

MARÍA.- No. Mi esposo es un héroe. Un hombre lleno de coraje y dignidad que murió en una mazmorra por su país, después de meses de tortura, por sus ideales y sus convicciones.

186

RAFAEL.- Capitán, la Señora Del Valle y su familia están bajo la protección de nuestra Embajada y han de ser tratadas como tales. Todos los papeles están en orden.

CAPITÁN.- Sí.

CÓNSUL GENERAL.- Mariano, llévanos a la escalerilla del avión.

Mariano acerca la limousine hasta la escalerilla y se detiene frente a ésta. La puerta se abre y Teresa, María, con el niño en sus brazos, y Rafael, suben al avión.

Unos momentos después Rafael sale del avión y baja hasta la pista. La puerta del avión se cierra. La limousine permanece estacionada allí esperando que el avión despegue.

El avión comienza a alejarse por la pista y finalmente despega.

Dentro del avión, una vez en el aire, María mira por la ventanilla la costa de la Isla y las aguas azules que la rodean.

Las figuras de un hombre y una mujer se ven en la distancia, caminando por la orilla de una playa desierta.

María tiene los ojos llenos de lágrimas y sigue mirando la amada Isla, verde y hermosa, que continúa desvaneciéndose en la distancia rodeada de aguas de un azul intenso, mientras piensa.

MARÍA.- Ni siquiera sé donde está la tumba de mi Alfredo. Hubiera querido al menos haber regado sus cenizas en el mar que tanto amó. Pero tengo que dejarlo detrás, en nuestro amado Paraíso perdido, en una tumba sin nombre en nuestra Isla tan querida y esclava.

La Isla continúa perdiéndose en la distancia, y ella sigue mirando hacia el mar.

MARÍA.- Siempre seré como una sonámbula, vagando en una niebla gris, envuelta en los recuerdos del pasado. Anhelando su presencia en mi vida, el calor de sus brazos y la inmensa ternura con que me amó. Lo quise con toda el alma. Siempre lo adoraré.

Fin

Epílogo

Balada Sonámbula es una obra donde coincide la poesía con la narrativa, el soliloquio pensante y el diálogo, con la heroicidad de una época donde se confundió la poesía con la realidad, la historia con la política; donde todo se hizo leyenda, poesía, romance. Gracias a la inspiración poética de Yolanda Ortal-Miranda, estas historias ahora permanecen presentes porque hay cosas que ni pasan ni mueren. Esa es la necesidad de que lo eterno sustituya al presente para agrupar las dimensiones del tiempo en un círculo virtuoso que se encariña con la realidad impasable.

Yolanda ha sabido abrazar todo ese conjunto de leyendas reales, en unas cuantas páginas tan amorosas como los gestos heroicos que cantaron con acciones las pasiones de enamorados de causas justas e impares.

En pocas páginas, Yolanda ha sabido rehacer la historia en la que también ella dejó huellas, sentimientos y amores. Entre las bambalinas del clandestinaje, creció el trato y la amistad que exigían heroicidades. Al recordar nada más que los nombres de Echeverría y Fructuoso, la historia cubana abría las puertas de la inmortalidad para aquellos héroes nacionales que todo lo dieron por lo que más querían. En el llano y en la Sierra florecía el valor y el sacrificio, sin odio ni rencores. Cuba ardía en luz y fervor de renovación democrática. En la acción se lograba mayor unidad que en los manifiestos revolucionarios que escondían la traición.

Guatemala, Washington y Nicaragua, forman el triángulo vital para la recuperación patria, aunque también entre sus propios contornos anida la traición. A veces, en los rejuegos de las traducciones, se esconde el virus de la traición.

189

Pero los héroes marchan sin dobleces. Manolín y Rogelio, luego de gestas heroicas en la clandestinidad honran el doble martirologio de Cristo y de Cuba, dando gritos de "¡Viva Cuba Libre!" y "Viva Cristo Rey!"

En verdad que las descripciones y diálogos de este trabajo de Yolanda Ortal-Miranda merecerían ser traducidas al mundo de la pantalla.

José Ignacio Rasco
Fundador del Movimiento Demócrata Cristiano, (MDC)

Nota de la autora

Balada Sonámbula, es esencialmente una historia de amor, idealismo y traiciones, terribles y maquiavélicas, contra el telón de fondo de los últimos dos años del régimen de Batista y los tres primeros del de Castro, en Cuba. La obra mezcla ficción y acontecimientos reales. Tiene muchos aspectos del género fílmico de docu-drama ya que en ella se entretejen hechos históricos y las acciones de personajes reales —tales como Batista, Echeverría, Castro, Huber Matos, Camilo Cienfuegos, "Che" Guevara y Manolín Guillot— con situaciones anecdóticas en que aun las ocurrencias ficcionalizadas de las diferentes Reformas de la Revolución, siempre retratan la realidad de lo ocurrido y cómo se impuso. Alfredo, María y Juan—personajes ficticios— encarnan a todos los cientos de miles de hombres y mujeres que lucharon en el clandestinaje por sus ideales de paz, justicia y libertad.

Se registró como obra de teatro en 1969 en la Biblioteca del Congreso de Washington, D.C. Sufrió después múltiples transformaciones y creció como toda criatura persistente de nuestro intelecto enriqueciéndose con la inclusión de nuevos personajes y la dramatización de escenas esenciales. *Balada Sonámbula* es el resultado de años de revisiones angustiosas de la tragedia cubana. Intencionalmente, no se conforma al formato tradicional del guión hollywoodense, y a veces se filtran en el guión, para establecer su ambiente, ciertas descripciones en un estilo que pertenecen al género de la narrativa.

Se presentó con éxito en *Café Teatro,* en *The College of Saint Rose,* en Albany, N.Y. Sus diferentes "reencarnaciones" incluyen una versión dramática para radio que se transmitió a Cuba por Radio CID y Radio Mambí, de Miami, y una filmación en video con el grupo de *Café Teatro.* Como obra dramática o guión cinematográfico, ofrece un sin fin de posibilidades al genio creador del director.

En el guión se funden, la realidad de las experiencias vividas por la autora como miembro del clandestinaje dentro del *Movimiento de Recuperación Revolucionaria, MRR —en* el cual participó con la célula de Manolín Guillot— y la creación artística que hilvana la trama en un *collage de* viñetas cortas, que reflejan lo ocurrido en Cuba, estableciendo así las bases para la férrea dictadura castrista mediante un régimen que utiliza, para mantenerse, coerción, terror, torturas, y el siniestro paredón de fusilamiento.

En la obra participan seres humanos increíblemente valientes, tomados de la realidad histórica, tales como José Antonio Echeverría, el valiente líder estudiantil universitario que luchó por sus convicciones y murió luchando, y el no menos idealista y valiente Manolín Guillot Castellano. Manolín es un personaje fascinante dentro de la obra, siendo como es, un ser humano real y habiendo cometido actos de extraordinario valor, siempre fiel a sus convicciones e ideales. En esta última versión de *Balada Sonámbula,* hay varias escenas que tratan de la invasión de la Bahía de Cochinos, sin pretender ser un documento exacto de lo ocurrido, sino una dramatización que trata de revisar tan importante hecho y honrar a los combatientes de la misma. En el libreto se mezclan una serie de escenas basadas en la trayectoria de la Revolución y sus Reformas. Es imposible separar el horrible impacto de la Revolución castrista, del clima político existente bajo el gobierno anterior, cuyo clima Castro usó y manipuló hábilmente para justificar "su" revolución y los crímenes de los últimos 49 años.

En la nostalgia y el dolor expresados por *María* al final de la historia, este guión aspira a reflejar lo que somos la mayoría de nosotros: peregrinos desterrados que arrastramos dolorosamente el lastre de nuestros recuerdos imborrables, en este deambular sonambúlico, lleno de añoranzas por nuestra Cuba y por los seres queridos perdidos, de ambas partes, en una horrible lucha entre hermanos, por la codicia y hambre de poder de Fidel y Raúl Castro.

Esperemos que la Paz y el perdón reinen de nuevo en nuestros corazones y en nuestra tierra amada.

Fotos

Personajes heroicos de una lucha justa condenada al fracaso por jugarretas políticas de la Guerra Fría.

1.- Manolín Guillot Castellano, a cuya memoria está dedicado este libro y en cuyo argumento él es una figura fundamental. Conocido en el clandestinaje como *"Carlos"* y *"Monty."* Fue *Jefe de Inteligencia* del *Movimiento de Recuperación Revolucionaria, MRR,* y antes de morir fusilado en *La Cabaña* el 30 de agosto de 1962, era *Jefe Nacional del MRR.* El fracaso de la invasión en 1961, tuvo un terrible impacto en los movimientos clandestinos, ya que durante la invasión, el número de ciudadanos detenidos llegó a 500,000 en la Isla, y sus identificaciones, archivadas por el G2 como desafectos al régimen, hizo imposible que siguieran haciendo su labor clandestina y se vieron forzados a marcharse del país. La muerte de Manolín Guillot y Rogelio González Corzo fue un golpe irreparable para el *MRR* y la lucha contra Castro, que después del fracaso de la invasión se consolidó en el poder.

2.- Rogelio González Corzo, el valiente "Francisco" del clandestinaje. *Coordinador Nacional del MRR* y *Coordinador Militar del FRD*. Brillante y dedicado combatiente del clandestinaje por la causa de la liberación de una Cuba justa y democrática. Fue ejecutado en La Cabaña el 19 de abril de 1961, antes de llevarse a cabo su huida de la cárcel, con los planes que Virginia Castellano de Guillot, madre de Manolín, había introducido en Cuba, a donde regresó con ese fin el 4 de abril de ese año. A su muerte, Rogelio fue reemplazado por Manolín Guillot, su hermano en la lucha, con quien compartía su profundo amor por Cuba.

3.- Dr. Manuel Artime Buesa, *Fundador del MRR. Jefe Civil de "Operación Pluto,"* nombre que identificaba la operación liberadora de la *Brigada 2506*, que desembarcó en la Bahía de Cochinos el 17 de abril de 1961. Apoyó y fue parte de la Revolución al principio. Al asistir a una reunión del INRA y ver la total influencia comunista de la misma, renunció a su cargo y fundó el MRR para combatirla.

4- José Pérez San Román, Jefe Militar de la *Brigada 2506,* hombre íntegro, capaz y valiente. Había sido un oficial en el Ejército Constitucional con el rango de teniente. Oficial de academia. Tomó cursos de especialización en Fort Belvoir, Virginia, y Fort Benning, Georgia. Luchó mientras tuvo municiones y mantuvo su dignidad y conducta intachable a pesar de los insultos y abusos a que lo sometieron durante el juicio.

5.- **Alejandro del Valle, Jefe de Paracaidistas**.- Valiente y apasionado por la causa cubana. Murió en el mar tratando, con otros compañeros de lucha, de encontrar refugio en una tierra amiga, cuando ya era innegable que la invasión había fracasado por falta de apoyo aéreo desde el principio, y de parque y equipo bélico durante la lucha. Había logrado escapar con otros 21 hombres en el velero "*Celia*," del que se apoderaron con ese fin el 19 de abril. No teniendo ni agua ni comida a bordo, Alejandro del Valle y otros nueve hombres murieron trágicamente después de haber luchado en tierra valientemente aunque careciendo durante la lucha del apoyo prometido. Los doce supervivientes del grupo inicial fueron rescatados 25 días después de hacerse a la mar, por el petrolero "Atlantic Seaman" el 14 de mayo.

6.- Paracaidistas de la *Brigada 2506* recibiendo instrucciones antes de ser transportados de la base de Nicaragua a Cuba. Tienen el respeto de sus compañeros Brigadistas por el coraje con que lucharon hasta el final bajo el comando de Alejandro del Valle.

198

7.- Juicio contra cinco de los Brigadistas prisioneros de Castro.- De izquierda a derecha, **Montero Duque, Pérez Tamayo, Pelayo Cuervo, Roberto Pérez y Soler Puig.** A pesar de los insultos a que fueron sometidos durante el juicio, llamándoles mercenarios guiados por intereses mezquinos, los Brigadistas se comportaron dignamente y no aceptaron culpabilidad por su participación en la misión de liberación de su Patria.

Nota aclaratoria

Fidel Castro demandó un rescate de sesenta y dos millones de dólares a cambio del regreso de los Brigadistas prisioneros de guerra en las cárceles cubanas. Año y medio más tarde. Después de interminables negociaciones conducidas por el abogado James B. Donovan, durante cuyo tiempo los prisioneros fueron mantenidos bajo horribles condiciones, maltrato, falta de atención médica y constantes abusos físicos y mentales, se llegó a un acuerdo entre el gobierno de Fidel Castro, la Comisión de Familiares de los Prisioneros y el Comité Norteamericano de Patrocinadores—con la velada participación del Presidente Kennedy—que solicitó la ayuda de sectores importantes y humanitarios de los Estados Unidos, tales como la Iglesia, las industrias, personalidades del mundo diplomático y artístico, la banca y las grandes empresas americanas, incluyendo al Cardenal Richard Cushing, Ed Sullivan, la ballerina cubana Margot Fonteyn y la Princesa Lee Bouvier Radziwill, cuñada de Kennedy, para pagar el rescate de los prisioneros. Este comité contaba de 52 participantes que usaron de su prestigio y posición para conseguir los fondos necesarios.

La Brigada 2506, estaba formada por cubanos de todas las clases sociales, incluyendo combatientes pobres, de clase media acomodada, y adinerada; obreros y profesionales y ex oficiales del Ejército Constitucional. Entre los Brigadistas habían blancos, mulatos y de la raza negra. Todos tenían en común ser ante todo cubanos, hermanos en la lucha, motivados por el ferviente deseo de salvar a Cuba de convertirse en un satélite ruso, como estaba ocurriendo bajo el comunismo impuesto por Fidel y Raúl Castro.

8.- Pelayo Cuervo.- Es interrogado durante el Consejo de Guerra de los combatientes. Mantuvo una actitud digna frente a los insultos y amenazas del Tribunal como el resto de los Brigadistas. El 29 de marzo de 1962 comenzó el consejo de guerra en el *Castillo del Príncipe*, fortaleza construida en 1764-1765 por los españoles durante el período colonial. Ninguna organización internacional vigilante de los derechos humanos ha sido permitida dentro de las innumerables prisiones de Castro durante los últimos 49 años de su dictadura para verificar la condición física y el trato dado a los prisioneros, o el número de fusilamientos conducidos en las mismas.

9.- Jacqueline Kennedy, Primera Dama, dirigiéndose a los miembros de la Brigada 2506 y dándoles la bienvenida a los Estados Unidos después de su rescate, durante la ceremonia del "Orange Bowl" en Miami, el 29 de diciembre de 1962. A la izquierda del Presidente Kennedy está el Segundo Jefe Militar de la Brigada 2506, Erneido Oliva. Oliva tenía experiencia militar y gran reputación entre la tropa, y era graduado de la Academia Militar de Managua, en Cuba.

10.- Eduardo Ferrer, piloto, Jefe del escuadrón de transporte de la Brigada liberadora. Voló 11 misiones antes y durante la invasión. Realizó el último vuelo de la Brigada sobre la Isla de Cuba el 20 de abril de 1961, llevando con él, en un C-54, ocho tripulantes. Aterrizó en La Sierra Maestra durante la noche. Su avión fue atacado por potentes cohetes rusos que ya estaban instalados en esa época en la Sierra, según menciona en su libro *La Nueva Historia de Cuba*, el ilustre historiador cubano Dr. Herminio Portell Vilá. En la foto, el capitán Eduardo Ferrer es presentado al Presidente Kennedy por Manuel Artime.

11.- Carlos Rodríguez Santana, "Carlay." Primera víctima de los Brigadistas. Su número de enlistamiento, #2506, dio nombre a la Brigada, llamada así en su honor. "Carlay" murió durante unos ejercicios de entrenamiento en las montañas de Guatemala al despeñarse en una quebrada profunda del terreno. Tenía 22 años de edad. Era profundamente idealista, y expresaba su amor a Cuba en hermosos versos.

12.- Gustavo Cuervo-Rubio Fernández.- Casi al final de su entrenamiento en el campamento de Guatemala, pereció este dedicado combatiente, víctima de un accidente fatal. Tenía 30 años de edad y era estudiante de último año de medicina. Tronchó su carrera para enlistarse en la Brigada siguiendo sus convicciones. No llegó a conocer a su hijo que nació mientras Gustavo daba su vida por su Patria. Era hijo del ex Vicepresidente de la República y profesor universitario del mismo nombre.

13.- Alberto G. Recio.- Combatiente miembro de la Brigada 2506. Tenía una fuerte tradición patriótica en su familia. Murió trágicamente a la edad de 33 años. Con un grupo de combatientes igualmente dedicados y valientes, al encontrarse sin municiones ni medios de seguir peleando, y viendo el fracaso total de la invasión, se alejó a nado de la costa de Cuba. Se refugiaron en un cayo, en el que murieron de inanición al no tener agua ni comida. Alberto G. Recio era nieto de Manuel Recio Agramonte, primo del ilustre Ignacio Agramonte, (1841-1873) general del Ejército Libertador, famoso por sus virtudes cívicas, su carácter recto, y sus hazañas militares en Camagüey durante la Guerra de los Diez Años. Ignacio Agramonte era abogado y escribió la Primera Constitución de la República de Cuba, en Guáimaro, Camagüey, en 1869, y murió en el campo de batalla.

14.- Avión de Hermanos al Rescate acercándose a balseros escapados de Cuba.

Nota aclaratoria

Hermanos al Rescate es una organización pequeña pero dedicada. Bajo la dirección de sus fundadores, José Basulto y Billy Schuss, salvó 4,200 hombres mujeres y niños que escaparon de Cuba desesperados. Les salvaron así de una muerte terrible, entre mayo 1991 y agosto 2003, en que fueron suspendidos los vuelos, al decretar, el Gobierno de los Estados Unidos la póliza conocida como "wet foot/dry foot,"al amenazar Castro con autorizar la salida en balsas o barcuchos destartalados de 30,000 cubanos —escogidos por él— para deshacerse de ese número de inconformes y del embarazo que las escapadas le creaban a su régimen.

Antes de esa amenaza, que crearía un éxodo tan cuantioso en cuestión de semanas, los pilotos *de Hermanos al Rescate*, volaban sobre las aguas del Estrecho de La Florida, con el propósito de encontrar balsas y embarcaciones a punto de naufragar, y salvar así las vidas de sus compatriotas desvalidos, perdidos en el mar.

15.- Otro grupo de balseros encontrados por Hermanos al Rescate. Estrecho de la Florida.

16.- Balseros salvados de una muerte segura después de días en medio del mar.

Fuentes

Fuentes utilizadas para corroborar hechos y situaciones históricas que sirven de fondo a esta obra.

Nueva Historia de la República de Cuba, por el Dr. Herminio Portell Vilá.

Historiología Cubana, por José Duarte Oropesa.

San Blas, Última batalla de Bahía de Cochinos, por Eli B. Cesar.

Acerca de Manolín Guillot, conversaciones de la autora con la familia Guillot-Castellano.

Monty, archivos de la revista *Tridente,* del MRR.

Manuel Guillot, Presente, por el Dr. José A. Bufill.

Museo de la Brigada 2506. Miami. Fotos de la exhibición, facilitadas por Esteban L. Bovo, historiador del museo.

Comentarios

Balada Sonámbula re-crea la prolongada tragedia de un pueblo burlado. De un mal sueño, el Batistato, una terrible pesadilla, el Castrismo. El nefasto sistema de desgobierno encubre la delación, la soberbia, la incompetencia, el fanatismo y la crueldad sin límites. El libreto recoge testimonios irrefutables de las transgresiones sucesiva y hábilmente impuestas. De la falaz promesa de elecciones a corto plazo—hecha en la Sierra Maestra—y el reiterado compromiso de respetar la libertad de prensa, y en fin, de restablecer la Constitución de 1940, a una radical e inadmisible conducta: la intervención de negocios grandes o pequeños sin nexo con el régimen anterior, la confiscación o el cierre de los periódicos independientes para concluir deshaciéndose maquiavélicamente de toda oposición. Toda la república bajo la férula de Castro: inclusive la docencia (¡Hasta la Universidad de La Habana!) y los tribunales de justicia.

Sin haber alternativas: Incondicionales del castrismo o la tortura; los interminables años de prisión o la muerte. Sofocadas las actividades subversivas—el éxodo indeseado de tantísimos cubanos en dolorosa diáspora.

Observadora minuciosa y mejor escritora, Yolanda Ortal-Miranda ha podido revivir jirones de la historia, como el asalto al Palacio presidencial en época de Batista y otros episodios de conducta inhumana, sádica, durante el Castrismo.

Son variados los recursos para recrear el ambiente particular de Cuba, la desdichada isla: las viejas canciones, los típicos pregones callejeros, y personajes como el *Caballero de París*, en su

213

deambular por La Habana, quien provocaba más curiosidad o compasión que temor: ¿qué secreta tragedia perturbó su mente?

La verdad de la ficción queda patente en diálogos hábilmente manejados y reveladores con la concisión y viveza exigidas por las obras dramáticas. Sorprende la pericia artística de la escritora al presentar la acción y la rápida caracterización de los personajes. Maneja impresionantemente la mesura y la intensidad. Pinceladas de un fino lirismo contribuyen a la finalidad estética. La realidad y la ficción se imbrican por la magia del arte de Yolanda Ortal-Miranda. De manos de los críticos vendrán detallados análisis de esta obra: el vigor de su dramatización, su trascendencia social y política, la individualidad de los personajes... muchos otros aspectos que se escapan a la brevedad apropiada de un comentario.

En conclusión, *Balada Sonámbula* es una obra hondamente sentida y artísticamente lograda.

Alicia G. Recio Aldaya, *Profesora Emérita*
University of New Orleans

Balada Sonámbula es una apasionante e intensa obra literaria que recoge la realidad histórica cubana—antes y durante el triunfo de la revolución castrista. La autora va exponiendo con gran realismo episodios claves de las luchas durante la época inicial del castrismo. Relata vívidamente la traición a que fueron sometidos muchos de los jóvenes que lucharon por los ideales de mejorar las condiciones de su patria. En esta obra triste y desgarradora se mezclan personajes ficticios con otros reales que realmente participaron en la contienda. La historia de amor de Alfredo y María sirve de contrapunto poético para suavizar la dureza y crueldad del relato histórico acontecido en la Isla de Cuba.

Ellen Lismore Leeder, *Profesora Emérita*
Barry University, Miami, FL

214

*

Este guión capta en forma única la transformación de la romántica y hermosa Cuba del pasado, y el cruel y penoso estado en que cayó durante los años del 1960. Nos conmueve hondamente el trágico destino de la Isla hermosa—pero también nos llena de admiración por esas almas inconmensurables que resistieron la opresión creciente hasta el final de sus días. Como nos muestra Yolanda Ortal-Miranda con su sensitivo estilo, no podemos leer nunca suficientemente acerca de Cuba."

Georgie Anne Geyer, *Columnista Sindicada.*
Universal Press Syndicate
Autora de *"Guerrilla Prince:*
The Untold Story of Fidel Castro"

Reconocimientos y gratitud

A Julio Hernández Miyares, poeta de honda sensibilidad, profesor dedicado, crítico sincero, hombre generoso, cuyo *Prólogo* abre con su inigualable estilo y sensibilidad, una puerta al lector de este guión, ayudándome en la jornada que es todo intento de contar una historia y desnudar el alma de sus personajes, ya sean seres comunes, héroes o anti-héroes.

A José Duarte Oropesa, historiólogo honrado y luchador ejemplar, por sus palabras de aliento incluidas bajo el título *Elogio en Celebración de Balada Sonámbula,* y como *Contraportada* de esta publicación. El IV volumen de su *Historiología Cubana,* me sirvió en incontables ocasiones como fuente de detalles históricos muy valiosos. Atesoro su juicio crítico tan positivo, infinitamente.

A José Ignacio Rasco, fundador del *Movimiento Demócrata Cristiano,* tan importante en la lucha por una Cuba democrática y libre. Su *Epílogo,* lleno de poesía y fervor de luchador incansable, me honra hondamente viniendo de alguien a quien mucho admiro por su analítica mente, y su claro intelecto.

A la familia del inolvidable Mariano Rodríguez Tormo, abogado, artista y amigo muy querido, por permitirme incluir en mi libro tres de sus exquisitas plumillas que captan la belleza de estas reliquias coloniales de La Habana.

A Keehna J. Sture por su generosa y paciente ayuda como editora y persistente fuerza organizadora del formato y material incluido en este libro y en la versión en inglés del mismo que aparece publicada separadamente.

A Alicia G. Recio Aldaya, Profesora Emérita, University of New Orleans, por sus hermosas y alentadoras palabras al expresar su juicio crítico, que tanto valoro, acerca de mi *Balada Sonámbula*, y por su extraordinaria bondad y fe en mi obra.

A Ellen Lismore Leeder, Profesora Emérita, Barry University, por su entusiasmo contagioso, su generoso juicio crítico del contenido de mi obra, y su valiosísimo apoyo que me ofreció con su característica pasión por nuestra Cuba que sufre, y que vio fielmente retratada en mi *Balada*.

A Rosa Leonor Whitmarsh, compañera de las aulas de la querida Universidad de la Habana. Profesora del Miami Dade Community College. Mujer de ilimitada generosidad, amplia cultura, mente brillante, y amor inmenso por nuestra lengua y nuestra Isla, por su extraordinario aporte a la revisión minuciosa de mi libreto.

A Georgie Anne Geyer, *Columnista Sindicalizada de Universal Press Syndicate,* y autora de *Guerrilla Prince,* un estudio extraordinario de Castro, cuyo conocimiento e investigaciones del caso cubano, hace muy valiosa su opinión sobre *Balada Sonámbula*.

A Irene Mirkovic, brillante, persistente, y profundamente generosa, sin cuya valiosísima ayuda técnica esta obra no hubiese podido ver la luz y estaría aún latente en los recónditos rincones de mi irreverente computadora.

A Esteban L. Bovo, historiador de la Brigada, por su cooperación en facilitarme fotos de los brigadistas y datos valiosísimos según su experiencia como miembro de la Brigada.

A Lilly Prelles, escritora de *Historia de Hemanos al Rescate* —una obra *in progress*— por su ayuda en facilitarme datos sobre esa organización, fundada por José Basulto y Billy Schuss. A José Basulto, especialmente, por permitirme incluir las fotos de *Hermanos al Rescate*.

A Eloisa Sacerio Castellano, que me ha acompañado desde lejos en mi anhelo de contar lo ocurrido y dedicar este libro primordialmente a honrar la memoria de su querido primo Manolín Guillot Castellano, a quien ella consideraba un verdadero hermano, y a quien yo admiré y admiro por su coraje, patriotismo, dedicación, espíritu de sacrificio, rectitud moral, fe, e infinita nobleza.

A mis estudiantes de *The College of Saint Rose*, de Albany, NY, y a mis fantásticos actores de *Café Teatro*. Imposible enumerar sus contribuciones. Ellos, siempre parte de mi todo esencial, saben de mi amor e inmensa gratitud por haberle dado vida a mis personajes de *Balada Sonámbula* y de mi obra teatral *"...un punto que se pierde en la distancia."*

Acerca de la autora

Yolanda Ortal-Miranda, nació en Encrucijada, Las Villas, Cuba. Graduada de la escuela de Filosofía y Letras de la Universidad de La Habana, más tarde continuó especializándose en Literatura Española e Hispanoamericana en SUNY en Albany, NY. Es Profesora Emérita de *The College of Saint Rose*, de Albany, NY, y ha disfrutado inmensamente su profesión como profesora de literatura española e hispanoamericana. Fue Jefa del Departamento de Lenguas Extranjeras de CSR, hasta que decidió jubilarse para dedicarse enteramente a escribir.

Fundó *Café Teatro*, y dirigió entre otras, las tres tragedias de García Lorca, *Yerma, Bodas de sangre* y *La casa de Bernarda Alba,* y El caballero *de las espuelas de oro*, de Casona. Antes de jubilarse dirigió sus dos obras de teatro, *Balada sonámbula,* y *... un punto que se pierde en la distancia,* obra finalista del concurso *Letras de Oro,* de la Universidad de Miami.

Balada Sonámbula, se publica ahora ampliada con nuevos personajes y escenas. Su novela, *En Noches Sin Luna,* recibió primer premio en el concurso de la Asociación de Críticos y Comentaristas de las Artes, de Miami, en 1993. Un ensayo sobre el elemento del Tiempo en tres obras de Alejo Carpentier, recibió segundo premio en el concurso del CEPI. Sus poemas, *"Pisadas en el tiempo la angustia y la esperanza,"* fueron finalistas en el concurso de la ciudad de Barcelona y en el del CEPI en New York.

Ha publicado cuentos, *Madrugada, Al filo del silencio, y El cadáver,* en antologías, y poemas en revistas internacionales entre ellas *Agora, Profils Poétiques, Torre Tavira, Norte,* y *EtCaetera,* y ha sido incluida en varias antologías entre ellas, *La Última Poesía*

Cubana, prologada por Orlando Rodríguez Sardiña, (Rossardi.) Recientemente terminó otras dos novelas, *Cuando Lloran Los Delfines*, e *Imágenes en Piedra Negra*.

Su pasión por conocer nuevos lugares la ha llevado a Sur América, Méjico, España, Europa y China. Ama la naturaleza, ya sea en los Valles de Yumurí y Viñales o los bosques de Soroa, desbordantes de orquídeas, en Cuba; el majestuoso Gran Cañón, la costa a lo largo del Pacífico de los Estados Unidos y Alaska, las cataratas del Iguazú, en el punto de unión de Argentina, Brasil y Paraguay, y los impresionantes y hermosos *fiords* de Noruega, o la increíble belleza de la naturaleza en la provincia de Guilin y el río Li, en China.

Ha plantado y continúa plantando árboles dondequiera que ha vivido: pinos en el noreste y palmas, magnolias y flamboyanes, en La Florida.